U0346906

图表解质量管理
QC 改善活动
与 QC 七大工具应用

QCストーリーとQC七つ道具

[日] 内田治 吉富公彦 著

刘伟 译

机械工业出版社
CHINA MACHINE PRESS

　　本书通过 45 个问题，通俗易懂地介绍了如何在质量改善活动中应用 QC 七大工具，包括新七大工具和原七大工具。对于每一个工具的应用，本书均采用图、表的方式进行了分析，可借鉴性很强。这些工具对于生产管理现场的质量保证来说，是必备且高效的，可有效提升企业的产品质量和生产效率。

　　日本企业是这些工具的发源地，本书的原作者有丰富的实践经验，总结成实用性很强的本书，希望通过本书的引进能提高我国企业应用这些工具的实践能力。

Original Japanese title：QC STORY TO QC NANATSU DOUGU

Copyright © 2017 Osamu Uchida, Kimihiko Yoshitomi

Original Japanese edition published by JMA Management Center Inc.

Simplified Chinese translation rights arranged with JMA Management Center Inc.

through The English Agency（Japan）Ltd. and Shanghai To-Asia Culture Co，Ltd.

　　北京市版权局著作权合同登记　图字：01-2020-4419 号。

图书在版编目（CIP）数据

图表解质量管理 QC 改善活动与 QC 七大工具应用/（日）内田治，（日）吉富公彦著；刘伟译. —北京：机械工业出版社，2024.1
（日本图解生产管理实战丛书）
ISBN 978-7-111-74494-8

Ⅰ.①图…　Ⅱ.①内…　②吉…　③刘…　Ⅲ.①企业管理-质量管理-图解　Ⅳ.①F273.2-64

中国国家版本馆 CIP 数据核字（2023）第 244405 号

机械工业出版社（北京市百万庄大街 22 号　邮政编码 100037）
策划编辑：李万宇　　　　　　　　　责任编辑：李万宇　王彦青
责任校对：马荣华　薄萌钰　韩雪清　封面设计：马精明
责任印制：常天培
北京机工印刷厂有限公司印刷
2024 年 3 月第 1 版第 1 次印刷
148mm×210mm·6 印张·168 千字
标准书号：ISBN 978-7-111-74494-8
定价：49.00 元

电话服务　　　　　　　　　　网络服务
客服电话：010-88361066　　　机 工 官 网：www.cmpbook.com
　　　　　010-88379833　　　机 工 官 博：weibo. com/cmp1952
　　　　　010-68326294　　　金 书 网：www.golden-book.com
封底无防伪标均为盗版　　　机工教育服务网：www.cmpedu.com

前　言

QC 活动（质量管理活动）的目的是经济实惠并且稳定一贯地提供令顾客满意的产品和服务。为此，需要严谨正确的检验和严格缜密的工序管理。此外，不仅要充实检验和工序管理，关于质量的改善活动，也被定位为 QC 活动中的重要一项。改善活动也被称为"解决问题的活动"，其罗马字读音"KAIZEN"也被广泛地传播到了世界各地的生产行业。

我们建议按照被称为"QC 故事"的程序逐步推进改善活动。QC 故事是指为了将改善活动高速又效果显著地进行下去的体系化的改善顺序事件，即开展 QC 改善活动的步骤。

在按照 QC 故事进行的改善活动中，要求基于事实进行判断。基于事实，是指基于数据。作为收集数据或者处理数据的方法，我们推荐使用被称为 QC 七大工具的方法。

本书不仅为了介绍、解说 QC 改善活动和 QC 七大工具，更是将让读者理解 QC 改善活动中的哪一个步骤需要哪些数据，充分运用那些数据需要怎样的方法等实践性内容作为主要目的。因此，本书的主要内容是围绕着理解并掌握"将 QC 七大工具应用到 QC 改善活动的什么情形中较为适宜"这个问题。

本书由以下内容构成。

第 1 章解说如何改善与解决问题活动的概要，第 2 章介绍 QC 改善活动，第 3 章介绍 QC 七大工具，第 4 章解说在 QC 改善活动各步骤中 QC 七大工具的使用方法，第 5 章介绍有别于 QC 七大工具的有利于改善的方法，我们将其称为新 QC 七大工具，第 6 章通过具体事例解说如何进行 QC 改善活动中最为重要的一步"追究原因",第 7 章介绍与 QC 改善活动不同的其他改善程序,完成课题型 QC 改善活动及被称为六西格玛(Six Sigma)的改善活动,第 8 章介绍 QC 七大工具的错误制作方法和使用方法,附录说明了如何使用 Excel 制作帕累托图、直方图、散布图。

如果本书能够有助于您改善活动的实施(成为您在实施改善活动时的参考书),我们将深感荣幸。

2017 年 9 月

著者

目　　录

第 1 章

改善与解决问题

1 质量管理与质量改善

确保并维持质量水平的同时进行改善

只依靠自己的随意方式，改善活动难以有效地推进

■ 质量管理的定义

质量管理是指为了实现经济合理地生产满足顾客（买方）要求的产品或提供顾客满意的服务的管理方法。英语为"Quality Control"，本书中取其首字母，简称为 QC。

质量管理活动可分为两大类：一类是将产品或服务的质量确保并维持在一定水平以上的活动；另一类则为改善活动。

改善又进一步分为有关产品或服务质量的改善（质量改善）以及业务过程的改善。企业中不论哪一种业务活动，都需要有效率且有效果地完成，因此，业务过程中发生的各种问题也必须通过不断地探索崭新有效的方法来解决，这就是业务过程的改善。改善，也被称为解决问题。

■ 改善的方法与技巧

单靠自己随意的做法，没有系统地去改善将毫无成效。在质量管理领域，改善的推进方法与技巧已经被明确地提出并形成了体系。首先，作为解决问题的程序，QC 改善活动被推荐应用于推进质量改善。按照 QC 改善活动的程序，改善活动可以有效地进行。

另一方面，被称为 QC 七大工具的方法也被提倡，这种方法用于数据的收集与分析。

此外，在质量管理领域，被称为 PDCA 循环的管理程序倍受推崇。PDCA 循环具体分为四个步骤：制定计划（Plan）、执行（Do）、确

认并检查结果（Check）、如有不适宜则进行处理（Act）。按照这四个步骤开展工作，并不断地循环往复。也可以将 QC 改善活动理解为对 PDCA 循环进行了更细致的分割，成为改善的程序。

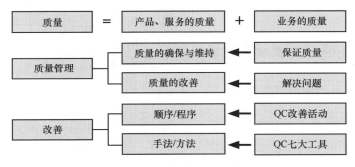

图 1-1　质量、质量管理、改善的定义

图 1-2　PDCA 循环

要点　首先要正确理解质量、质量管理、改善的含义。

2 直至采取恒久对策之前均为改善

防止问题再次发生（再发防止）才是改善

改善活动需要永久地持续进行

■ 紧急对策与恒久对策

改善是指对于产品、服务、业务过程或者系统等现状设定进行改进的目标，确定问题并解决问题的活动。改善一词也可写为"Kaizen"，可被称为"解决问题"的活动。

在改善中仅仅实施了"紧急对策"，并不是真正的改善，需要做到采取"恒久对策"。比如说，一家企业生产盛装食品的袋子，袋子上出现了窟窿，结果发生了食品外漏的事件。在这种情况下，厂家必须向客户道歉并迅速替换有窟窿的袋子。这样应对理所当然，并且还需要采取中断袋子生产的措施，以防止质量问题进一步扩大。

但是，这些对策都没有回答"为什么袋子上会出现窟窿？"这一问题。这样的对策仅能称为"紧急对策"。只实施紧急对策，还不能称得上改善。探究产生窟窿的原因，针对该原因采取对策、防止问题再次发生才是恒久对策。只有采取了恒久对策，才算是改善。

■ 小集团活动是使改善活动持续进行的组织架构

改善活动不仅需要采取恒久对策，还需要永久地持续进行。企业中需要改善的问题与课题一直都存在，所以，不会解决了一个问题就万事大吉了。

在制造业中，为了使改善持续进行，在制造现场采用小型集体为单位的组织架构开展活动，这样的活动称为"小集团活动"。有些企业，将这样的小集团称为 QC 小组或 QC 圈（QC Circle）。下面对 QC 圈活动的基本理念予以介绍。

① 发挥工作人员的能力(如主观能动性)，发掘其无限的潜能。
② 尊重人性，创造明快积极、有意义的职场环境。
③ 帮助企业改善整体素质、推动企业发展。
  (摘自QC圈的基本)

图 1-3　QC 圈活动的基本理念

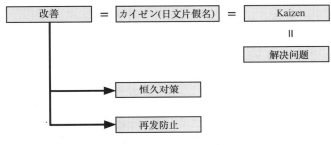

图 1-4　改善的本质

当出现不良状况时，为了消灭不良并使其暂时不再发生而采取的措施称作紧急对策。但是，只采取紧急对策有可能还会导致不良再次发生。而杜绝不良再次发生的措施，就是恒久对策。

3

QC 式解决问题中的问题指的是什么

要解决问题，首先必须明确问题

明确目标与现状之间的差距

■ 解决问题的第一步

改善，抑或解决问题中的"问题"，被定义为"目标与现状之间的差距"。从这个定义出发，解决问题可以被称为"消除目标与现状之间的差距"。解决问题的活动，是从明确问题开始的。从上述定义中我们可以认识到，解决问题需要首先明确目标与现状之间的差距。

比如，如果"要降低不合格品率"，应明确：

- 到底想把不合格品率降到多少（目标）。
- 不合格品率的现状又是多少（现状）。

目标与现状，其中任意一方或者双方都不明确的话，问题本身也就不明确。因而，解决问题的第一步，首先是要设定目标、把握现状。

问题可分为以下两种：

- 发生型问题：该问题的存在或者发生都是不好的、不利的（比如产生不良品），这样的问题已经发生了。
- 设定型问题：由于设定目标较高而产生了其与现状差距的问题。

图 1-5　解决问题中的问题

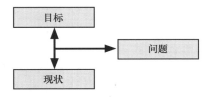

图 1-6　问题是指目标与现状之间的差距

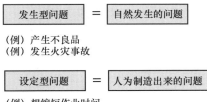

（例）产生不良品
（例）发生火灾事故

（例）想缩短作业时间
（例）想增加销售额

图 1-7　发生型与设定型

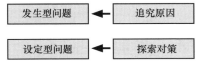

图 1-8　追究原因与探索对策

4 着眼于现状与目标的问题的种类

着眼于现状与目标的问题分类

为了有效地推进改善活动，必须采取与问题性质相匹配的解决措施。根据着眼于目标还是现状，可将问题分为以下几类。

■ 着眼于现状的问题分类

着眼于现状时，首先要把握现状呈现出来的结果随时间的变化情况。这种变化可大致分为以下三种：

① 总是坏。

② 时好时坏。

③ 逐渐变坏。

接下来，要把握在某个时点上的结果的稳定性。稳定性又可分为以下三种：

① 努力的方向（聚焦点）与目标一致，但很不稳定。

② 相对稳定，但努力的方向与目标不一致。

③ 稳定性与一致性两方面都存在问题。

要弄清楚自己面临的问题属于上述哪种类型。关注时间时，使用折线图或管理图清晰易懂；关注稳定性时，使用直方图会很有效。

■ 着眼于目标的问题分类

着眼于目标时，根据方向不同可分为以下三种类型：

① 越高越好。

② 越低越好。

③ 希望归零。

比如说，针对"想提高营业额"这个目标而言，就属于"越高越好"的问题；而对于"想降低成本、缩短作业时间"这个目标而言，则是"越低越好"的问题。但不管哪一种，都没有归零。对于"降低事故发生率或者减少不合格品数量"这个目标而言，就是"希望归零"的问题。

①为增加问题，②为减少问题，③为归零问题。

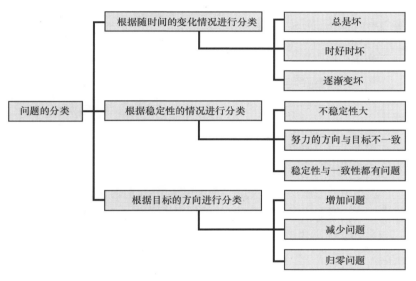

图 1-9　问题的分类

要点 问题的分类需着眼于现状与目标。分析现状，要从"结果随时间的变化"以及"稳定性"两方面来考虑；针对目标，则根据其"方向性"进行分类。对于想要解决的问题，则需要同时着眼于现状（"结果随时间的变化"与"稳定性"）和目标（"方向性"），以精准确定该问题属于哪一类。

5 解决问题的方法

各个阶段对应着对问题不同的了解程度

■ 解决问题的步骤

解决问题的活动可大致分为三个阶段（步骤）：

① 明确问题的阶段。

② 确定原因的阶段。

③ 确立并实施对策的阶段。

最初的①是明确目标与现状的阶段。在此阶段，要针对"正在发生什么？"这一问题找到答案。

接下来的②是对已经明确了的问题探究它的起因，称为解析原因阶段。在此阶段，要针对"为什么发生？"这一问题找到答案。

最后的③是探求解决问题的具体方法与手段。在此阶段，要针对"应该怎么做？"这一问题找到答案。

对应上述三个阶段，可以将对问题的了解程度做以下分类，并且得出解决各个了解程度上解决问题所需要的能力。

① 不明白问题→观察力。

② 不清楚原因→分析力。

③ 不知道对策→创造力。

不明白问题的时候，说明缺乏对现场正在发生什么的观察力；不清楚原因，则说明对于结果与原因之间的关系的分析能力不足；而不知道该如何采取对策，则说明需要想主意、出点子的创造力。

第1步 把握问题（正在发生什么？）

第2步 探究原因（为什么发生？）

第3步 确立对策（应该怎么做？）

图 1-10　解决问题的 3 个步骤

1.观察力 ← 在把握问题时发挥作用的能力

2.分析力 ← 在探究原因时发挥作用的能力

3.创造力 ← 在思考解决对策时发挥作用的能力

图 1-11　解决问题的必要能力

要点　解决问题分为三个阶段（步骤）：明确问题；确定原因；确立对策并实施。

6 QC 式解决问题法的定义

QC 式解决问题会达成良好效果

在 QC 活动中解决问题时，非常重视 QC 角度的看法与想法，即采用"QC 式解决问题法"。QC 式解决问题法有其独到的方法和思想上的特点。

■ 方法的特点

QC 式解决问题法在方法上的特点为"高效、科学"，为了有效地解决问题，按照被称作"QC 故事"的程序开展具体的解决问题的活动。

此外，在 QC 式解决问题法中，为了科学地解决问题，对"基于事实"的判断，即数据的收集与分析格外重视。对收集上来的数据，采用 QC 七大工具和统计学方法来进行分析。

■ 思想的特点

QC 式解决问题法在思想上的特点主要有以下三点：

① 重点优先。

② 重视不稳定性。

③ 重视过程。

"重点优先"是指从效果大的项目开始着手，优先实施。

接下来的"重视不稳定性"，是指着眼于无法获得一致性结果（即产生不稳定）的状况，探求问题的原因。

最后的"重视过程"，认为"生产出不良品是因为生产方法的不良"，从而对出现问题的过程、方法、工序等进行改善。

实践 QC 式解决问题法，会达成"提高解决问题的速度"和"防止问题再次发生"的良好效果。

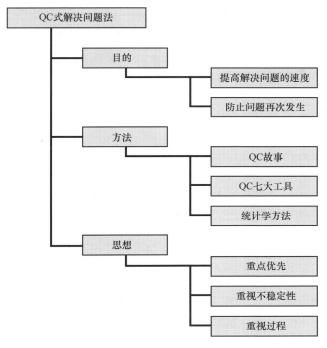

图 1-12　QC 式解决问题法

要点　QC 式解决问题时采用特有的 QC 式观点和思考方式。请充分理解 QC 式解决问题在方法层面和思想层面上的特点。

浅谈统计量

在分析以数量表示的数据时，我们要注意"中心"与"偏差"这两个概念。首先，为了界定中心，我们使用一个具有代表性的数值——"平均值"。比如，有以下5个数据。

8　7　2　6　9

平均值是用所有数据的总和除以数据的个数求得的，在这个例子里就是"32 ÷5＝6.4"。6.4即为这5个数据的平均值。

除了平均值之外，还用"中值"（中位数）表示中心的数值。将数据从小到大顺序排列后位于中间（最正中）的那个数据就是中值。仍以上面的5个数据为例，将其从小到大重新调整顺序后得到以下的排列。

2　6　7　8　9

那么中值是位于第三个的7。比中值大的数据的数量，和比中值小的数据的数量是相同的。

此外，在看偏差时，我们使用的代表性数值叫作"标准偏差"。上述5个数据的标准偏差是2.7。这样将平均值与标准偏差结合起来后，我们就可以得出"数值6.4位于中心，基本在±2.7的区间内波动"的分析结论。

上述的平均值、中值、标准偏差等，根据数据计算而得出相应的数值称为"统计量"。

质量管理领域有特有的统计量，那就是被称为"过程能力指数"的数值。任何产品，都具有区分良品与不良品的规格标准。比如，30~32mm的尺寸为良品的话，30与32就成为规定良品尺寸的重要数值。在这种情况下，30可称为下侧规格值（规格下限值），而32则是上侧规格值（规格上限值）。过程能力指数是表示一道工序在这个规格数值的范围内生产产品的能力的数值，具体是以规格范围（规格上限值–规格下限值）除以标准偏差的6倍来计算。如果得到的数值小于1的话，说明过程能力不足。过程能力指数用符号 Cp 表示。

第 2 章

QC 改善活动

QC 故事（改善活动）**的定义**

将重点放在"把握现状"和"解析原因"上

■ 八大步骤

将解决问题步骤程序化的方法称为"QC 故事"，各步骤中包括 QC 小组各类改善活动。

图中所示的八大步骤就是 QC 故事的具体顺序。部分参考书或企业可能对一些步骤做了细微的变更，比如将"把握现状"和"设定目标"合二为一为"把握现状及设定目标"，抑或在"选定主题"的后面加上"计划行动"。

■ "把握现状"和"解析原因"

在 QC 故事的各个步骤中，特别强调要将重点放在"把握现状"和"解析原因"上。解析原因是指探究引起问题的原因，找到发生问题的根源。

将 QC 故事应用到不良结果（如不良品、事故等）已经发生的问题中是非常有效的。应明确"怎样的不良"在"多大程度上"于"何时发生"。明确把握这些现状后，就要"解析原因"以追究发生不良的根源。像这样从结果追溯原因的方法被称为"解析性方法"，适合用这种方法来分析的问题被称为"原因导向型问题"。

此外，QC 故事不仅可以用作解决问题的步骤，还可以用作汇报改善活动的步骤。

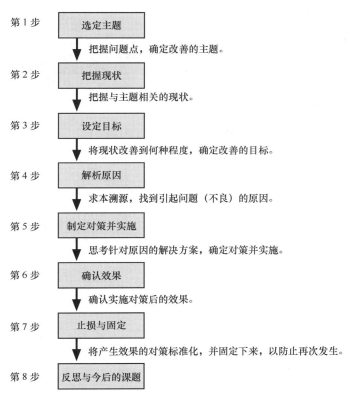

第1步　选定主题
把握问题点，确定改善的主题。

第2步　把握现状
把握与主题相关的现状。

第3步　设定目标
将现状改善到何种程度，确定改善的目标。

第4步　解析原因
求本溯源，找到引起问题（不良）的原因。

第5步　制定对策并实施
思考针对原因的解决方案，确定对策并实施。

第6步　确认效果
确认实施对策后的效果。

第7步　止损与固定
将产生效果的对策标准化，并固定下来，以防止再次发生。

第8步　反思与今后的课题

整理尚未解决的问题，制定今后的改善计划。

图 2-1　QC 小组活动的流程

要点　QC 故事也可有效地应用于改善活动的汇报。

选定主题

是要"减少不良"还是要"发挥优势"

■ 选定主题时的着眼点

在改善活动中选定主题时，可着眼于以下要素：

① 质量。

② 成本。

③ 交货期、产量。

④ 设备。

⑤ 环境。

⑥ 作业效率。

⑦ 营业额、利润。

描述主题时，要清楚表达其目标方向是要"减少不良"，还是要"发挥优势"。

比如，

"降低加工工序中的不合格品率"。

"提高 A 商品的营业额"。

像这样清晰地表达出"做什么""怎样做"，明确主题的目标方向。

■ 锁定主题的方法

选定主题时，首先要列出多个"候选主题"，把"困扰的""令人担心的""给下一道工序带来麻烦的"事项逐一列出。

接下来，将列出的候选主题按照"效果大小""紧迫性""重要性""可行性"等不同角度进行评价，并对评价结果进行综合判断，选定改善的主题。

此外，QC 小组活动要尽量选择小组全体成员共同关注的主题。

第1步

列出候选主题

对工作中困扰的、令人担心的、给下一道工序
带来麻烦的事项等进行整理，定主题。

第2步

评价候选主题

对候选主题从效果大小、紧迫性、重要性、可行性等角度进
行评价，评价时可以用○、△、×（优、良、差）等符号标明
所处阶段。

[例]

主题名称	效果大小	紧迫性	重要性	可行性
减少记录失误	△	○	○	○
减少外观不良率	○	○	○	○
缩短检测时间	○	△	○	×
缩短检测时间	△	△	○	×

图 2-2　选定主题的步骤

 要点　以小组全体成员共同感到困扰的事项为中心，选择实施后
效果显著的事项作为改善活动的主题。

9 把握现状

用"偏差或不稳定性"来衡量不良状况

■ 把握偏差

要把握现状，就需要针对主题通过数据，对"到底是怎样的不良"进行具体全面的了解。在把握现状过程中所明确的信息可以应用到解析原因上。

要把握现状，还需要了解被视为问题的不良情况中是否存在偏差和不稳定性？如果存在偏差或不稳定性的话，具体又是怎样的？比如说，不良是经常性地发生吗？还是时有时无？每个工厂都存在相同或类似的不良吗？

把握有无偏差或不稳定性时需要注意以下要点：

① 按时间顺序看变化。

② 分层级看不同。

按时间顺序来看时，是一直不良？还是突然出现不良？这样来把握问题的特性。

此外，还可以根据工序的不同、方法的不同、原料的不同、人员的不同、症状的不同等，从多样化的角度来对现状进行分层级的把握，分析明确发生不良的情况与没有发生不良的情况。

分层级，是指按照某个共同的因素把握某一类情况。比如，将不合格品率按照制造工厂分层级把握。

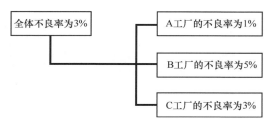

图 2-3　分层级

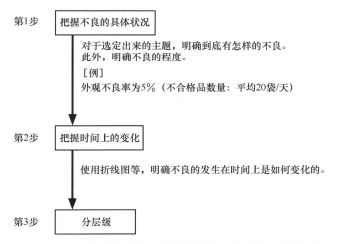

图 2-4　把握现状的步骤

通过"时间"和"层级"来把握偏差或不稳定性。

10 设定目标

尽量以数值来表示目标

目标是"做什么""做到什么程度""做到什么时候"

■ 设定目标的方法

尽量以数值来表示目标。如果无法用数值来表述主题的目标的话，那么可用定性方式来表述目标应该达到的水平。

设定目标时应明确以下三点：

① 目标项目。

② 目标值或目标水平。

③ 期限。

换言之，设定目标就是表达"做什么""做到什么程度""做到什么时候"。目标项目明确"做什么"，目标水平明确"做到什么程度"，而期限明确"做到什么时候"。

■ 目标值

以数值表示的目标达成基准即是目标值。将目标值与表示现有水平的现状值一起并列记述，会更为直观易懂。举例如下：

【例】

目标项目：外观不良率。

达成基准：目标值＝1%（现状值＝3%）。

达成期限：2020 年 8 月底。

有些主题的目标达成基准很难用数值来表示，比如说"构建质量保证体系"这样的主题。在这种情况下，就用语言来描述构建的状态。思考完成构建后会发挥怎样的优势，然后试着用数值来表述。比如可以将投诉率设定为目标值，应像这样下功夫逐渐将目标数值化。

目标值不是单纯的愿望，而是应该综合考量能否达成的可行性以及为什么必须达成的必要性。

设定目标值时，如果数值越小越好，考虑现状的 1/2 或 1/3；如果数值越大越好，则可向现状的 1.5~2 倍努力。但是，在比如人身事故等攸关性命的主题里，则须永远将"零"设定为目标值。

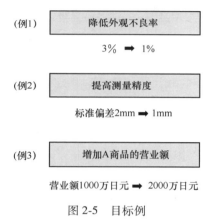

(例1)　降低外观不良率

3%　➡　1%

(例2)　提高测量精度

标准偏差2mm ➡ 1mm

(例3)　增加A商品的营业额

营业额1000万日元 ➡ 2000万日元

图 2-5　目标例

要点　　目标值依据降低类问题"减半"、增加类问题"两倍"的方针设定是较为适宜的（安全、法规等问题除外）。

11 解析原因

追究问题的源头，确认真正的原因

■ 解析原因的方法

解析原因是指追溯问题的源头，锁定真正的原因。在 QC 故事（改善活动）中是最受重视的步骤。

解析原因由以下三个步骤构成：

① 筛出候选原因。

② 锁定候选原因。

③ 确认真正的原因。

探求原因首先要将可能的原因全部列出来，这就是筛出候选原因。由于是"可能的"或"能够想到的"原因，所以这些原因仅能称为候选的。

接下来从列出的多个候选原因中选择最有可能是真正原因的，这就是锁定候选原因。

最后，通过实验和调查，根据数据分析确认。候选原因是否是真正的原因，这就是确认真正的原因。如果无法进行实验或调查，就直接利用历史数据进行分析。

此外，进行实验时，学会"实验计划法"会有很大帮助。学会实验计划法，能够掌握合理有效地收集实验数据的方法。

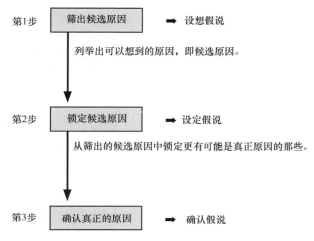

第1步　筛出候选原因　➡　设想假说

列举出可以想到的原因，即候选原因。

第2步　锁定候选原因　➡　设定假说

从筛出的候选原因中锁定更有可能是真正原因的那些。

第3步　确认真正的原因　➡　确认假说

收集数据，确认被锁定的候选原因是否真正是问题的根源。

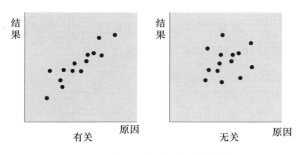

图 2-6　解析原因的步骤

要点　解析原因，需要"列出清单"之后"锁定范围"，最终"用数据确认"。

12 制定对策并实施

是"根除原因",还是"规避影响"

■ 对策的种类

对策分为"应急对策"和"恒久对策"。对不合格产品进行修正使之成为合格的产品,这属于应急对策。找到产生不合格产品的原因并予以根除,防止再次发生,这样的对策才是恒久对策。

QC 改善活动中制定的对策,不是应急措施,而是恒久对策。要想制定出恒久对策,就需要解析原因,针对真正的原因采取对策。

针对原因的对策,可分为以下两大类:

① 根除原因的对策。

② 规避原因带来影响的对策。

如果能够根除原因,问题就不会再次发生。但是,有时这种理想状态不可能实现。比如说,事故的原因是由于降雨,那么不让老天下雨的对策是不可能实现的。这时,就要将根本原因的降雨搁置一旁,而是考虑如何不让降雨产生不良影响。这样的对策就是规避原因所产生不良影响的规避对策。

■ 对策实施上的关注点

制定对策时,首先要考虑出多个方案。然后,对这些方案从"效果大小""成本""可行性""安全性""副作用"等多方面进行评估,最终制定出下一步要实施的对策。

在实施对策时,要明确"由谁""什么时候"实施,要制定实施计划。此外,一次性地实施多个对策并产生效果时,有可能会搞不清到底是哪一个对策发挥了作用。这一点，也要特别注意。

实施对策方案时，应制定实施计划，并遵循计划执行，同时进行进度管理。使用甘特图可以对进度进行有效的管理。

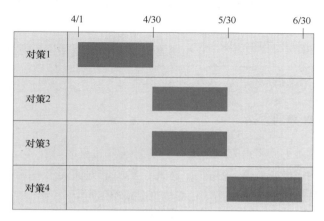

图 2-7　使用甘特图进行进度管理

 在制定实施计划时，应明确"由谁""什么时候"实施，然后按照计划执行，并应做好进度管理。

确认效果

根据达成目标的状况来评价效果

■ 把握效果的方法

实施对策后要对其效果进行确认。效果的有无、好坏，最终根据目标的达成状况来评估判定。此外，实施的对策是否引起了新的问题，即是否出现了副作用，也需要评估确认。

可以通过以下角度把握对策的效果：

① 是否达成了目标值？

② 是否改善了现状？

③ 是否实现了对策的目标？

④ 是否产生了副作用？

⑤ 以金钱来衡量效果的话会是多少？

⑥ 是否产生了预想之外的其他效果？

■ 把握效果后需要做的事情

以具体的数值把握对策的效果，用图形图展示，使结果一目了然。这样，不仅能够看到实施对策后的结果，也可以直观地对比实施对策前后的不同。还可以在图形中加上目标值，以便进行比较。

虽然实施了对策，但没有见到效果时，需要从以下角度考虑原因：

① 目标值是否过高？

② 原因的锁定是否有误？

③ 对策的制定是否有误?

④ 效果的显现是否还需要更长的时间?

对策与效果的关系可以分为以下四种情况。

		对策	
		实施	未实施
效果	有	①	②
	无	③	④

第 ① 种情况 ➡ 将对策方案落地、标准化

第 ② 种情况 ➡ 探求原因（为什么变好了？）

第 ③ 种情况 ➡ 重新审视评估对策

第 ④ 种情况 ➡ 实施对策

图 2-8　对策与效果的关系

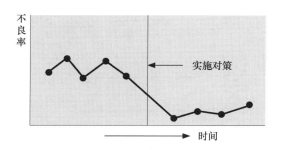

图 2-9　确认效果

要点 使用图形图，将对策实施的效果视觉化，可以清晰地对比出改善前后的不同。

14 止损与固定（标准化）

为了使效果永久持续，需要努力防止（不良）再发生

明确 5W1H，进行"标准化"

■ 关于标准化

确认了对策的效果后，需要将该效果长期地维持下去，努力防止不良的再次发生。为此，将有效果的对策标准化，并在日常工作中遵守是非常重要的。

设定标准并应用标准的行为叫作"标准化"。为了使有效的对策或业务标准化，需要明确以下的 5W1H：

① 谁（Who）。

② 何时（When）。

③ 何地（Where）。

④ 做什么（What）。

⑤ 为什么做（Why）。

⑥ 以什么方法做（How）。

■ 制作标准书

接下来，将上述信息写入标准文件，制作成"标准书"。标准书中还应记载作业中的技巧与注意事项。

即便制作了标准书，也未必能够实现"无论何时""无论是谁"都能够严格遵循标准进行作业。因此，需要建立管理体系，监督是否在切实按照标准进行作业，在偏离作业标准时进行纠正。这种管理被称作"维持管理"或"日常管理"。此外，标准还应该根据需要或者定期进行修订。

作业标准书需要记载以下项目：

- ·工序名称
- ·作业名称
- ·作业目的
- ·负责人（单位名称）
- ·使用的器具与设备
- ·作业顺序
- ·作业技巧与注意事项
- ·作业前后的注意事项
- ·制定标准日期/修订日期
- ·管理者与责任人

图 2-10　标准书的组成要件

| 标准书 | = | 作业顺序书 | + | 作业技巧 |

图 2-11　顺序书与标准书

要点 制定标准、遵守标准、按照标准进行监督，逐渐完善管理。

箱 线 图

用图形图来展示数据的时候，可使用下图中的直方图，也可用箱线图代替直方图。

● 直方图举例

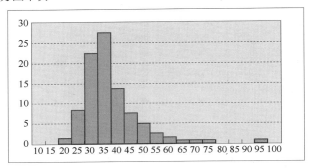

● 箱线图举例

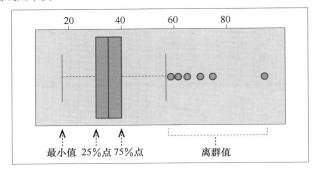

画在箱子中间的粗线表示中值。箱子包括了中值两边共 50% 的数据。箱子的宽度表示数据偏差的大小。从箱子两端伸出的横线的长度表示整体偏差的大小。超出横线边缘的黑点是离群值。在这个例子中有 6 个离群值。

第 3 章

QC 七大工具

QC 七大工具概述

QC 七大工具是把经常用于质量管理的方式、方法汇总、总结后得出来的

根据目的不同，分别使用最恰当的七大手法

QC 七大工具是解决各种各样 QC 问题时最常用的。

将质量管理手法总结为帕累托图、特性要因图、检查表、图形图、直方图、散布图、管理图七大类，简称为［Q-7］。接下来对七大工具的特征进行简单说明。

① 帕累托图（图 3-1）：为了解决出现问题对所开展的项目和内容进行分析，确定和判断何为重点开展项目。

② 特性要因图（图 3-2）：为了找到问题发生的原因，对几个候补要素进行可视化。

③ 检查表（图 3-3）：为了防止确认项目的漏项，进行简单的数据统计。

④ 图形图（图 3-4）：与饼状图和曲线图等类似的、总称为一大手法的各种图。

⑤ 直方图（图 3-5）：规格值等用于分析的数据的波动偏差量以及体现其分布状况的图。

⑥ 散布图（图 3-6）：用于分析两特性值之间是否有关系。

⑦ 管理图（图 3-7）：用于分析制造工艺是否可以保证生产的稳定性。

接下来对各大手法和这几大工具进行详细的说明。

要点	用于解决问题的时候。
	用于分析数据的工具。

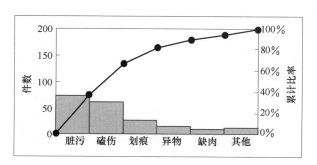

图 3-1　帕累托图

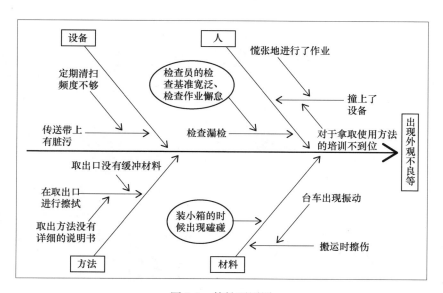

图 3-2　特性要因图

工程名	缺陷分类	数量确认栏						数量合计
第1组	脏污	正	正	正	正	三		23
	磕伤	正	正	二				12
	划痕	正	正	正	二			17
	异物	四						4
	缺肉	二						2
	其他	正						5
第2组	脏污	二						2
	磕伤	四						4
	划痕	正	正	正	四			19
	异物	三						3
	缺肉	正	一					6
	其他	正	二					7
第3组	脏污	二						2
	磕伤	正	正	三				13
	划痕	一						1
	异物	二						2
	缺肉							0
	其他	二						2

图 3-3 检查表

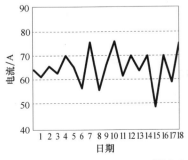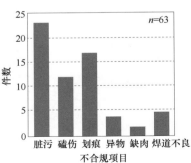

图 3-4 图形图

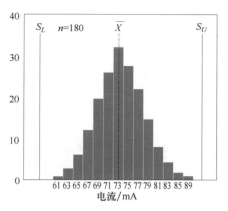

图 3-5 直方图

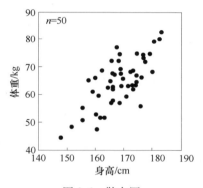

图 3-6 散布图

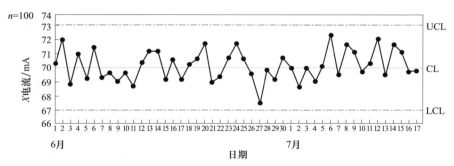

图 3-7 管理图

帕累托图

相对于整体的占有率可以一目了然地把握

■ 帕累托图

帕累托图是一种辅助工具，帮助我们在选择重点推进项目时进行客观判断。其与只是按顺序排列柱形的直方图相比，在表示占整体的份额上有很大的不同。

比如 15 种制品在生产中有不良品，但是在不知道哪种制品的不良品最多的时候，进行数据统计后，像表 3-1 一样进行排序就能把握情况，与只有数字相比，通过图形来表示会更直观、更明了。图 3-8 是用直方图体现的制品不良。

专注于不良品最多的制品 A，递减制品 A 的不良品是否就可以呢？这时用于判断并明确重点项目的工具就是帕累托图。

把制品 J~制品 O 归纳为其他，图 3-9 为不良品数的帕累托图。情况如何呢？仅仅专注于使制品 A 的不良品递减就可以把不良品减少至一半。当要致力于多个制品的改善项目时，或者在人员和资金有富余的情况下，可以思考致力于产生约 2/3 不良品制品 A~制品 C 的改善项目。

使用帕累托图像这样确认占比，是用来判断并确定优先改善项目的工具。

表 3-1　制品的不良品数　　　　　　（单位：个）

制品 A	1000	制品 F	85	制品 K	70
制品 B	350	制品 G	80	制品 L	60
制品 C	300	制品 H	80	制品 M	40
制品 D	150	制品 I	75	制品 N	30
制品 E	90	制品 J	70	制品 O	20

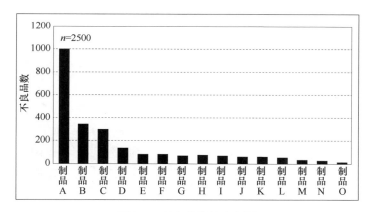

图 3-8　不良品数的直方图

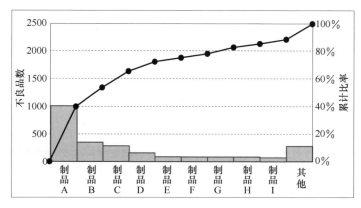

图 3-9　不良品数的帕累托图

■ 帕累托图的活用

在制作帕累托图的时候，对于特性值的数据提取比较多，也会加入资金金额换算之后的数据。因为不能一概而论地说数量越多的就是问题越大的。

例如，有需要废弃的有伤的不良品，废弃对象为制品 A、制品 B、制品 C 等几类制品。如表 3-2 中的制品 A 的不良品有 1000 个，制品 B 的不良品有 200 个。把帕累托图的纵轴当做不良品数来表示时，形成了图 3-10。仔细看的话，仅仅是制品 A 就占了 7 成，所以如果是针对有伤的不良品采取递减改善活动的话，应该是优先致力于制品 A 的改善项目。

但是，在表 3-3 中显示的制品 A 的单价是 10 日元、制品 B 的单价是 180 日元，要优先致力于制品 A 的不良品递减项目。把换算后的金额做成帕累托图，如图 3-11 所示。结果与图 3-10 的结果不同，从金额的占比来看，仅制品 B 一项占比就高达 7 成，因此比起制品 A，应该优先致力于推进制品 B 的不良品递减项目。

如果数量和金额两方面的评价结果没有不同，则不用改变优先级，而像这个例子一样结果不同的情况必须要引起注意。要利用像图 3-12 所示的两个帕累托图进行比较和研究。

企业经营的最终目标是要增加收益。金额（这种情况是计算损失金额）是非常重要的指标。在件数和金额的帕累托图不一样的时候，要综合考虑给客户带来的影响和给公司带来的影响，综合分析后再决定应优先致力于解决的问题范围。

要点　不仅仅是数量，也可把换算后的金额作为特性值。尝试用帕累托图表示出来，应优先致力于的改善项目就可以更明确地判断出来。

表 3-2　各个制品的不良品数

制品名	不良品数/个
制品 A	1000
制品 B	200
制品 E	90
制品 C	70
制品 D	55
其他	85

表 3-3　各个制品的不良品数换算成金额

制品名	不良品数/个	每个制品的单价/日元	每个制品的损失金额/日元
制品 B	200	180	36000
制品 A	1000	10	10000
制品 D	55	30	16500
制品 C	70	10	700
制品 E	90	7	630
其他	85	—	1020

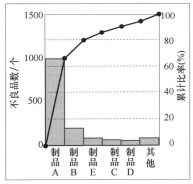

图 3-10　不良品数用纵轴表示的帕累托图

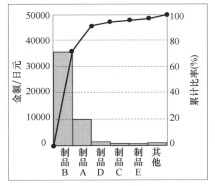

图 3-11　金额用纵轴表示的帕累托图

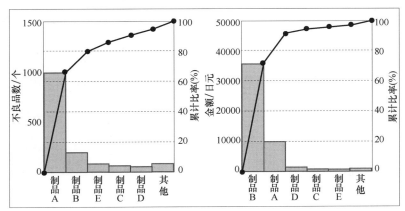

图 3-12　横向排列的帕累托图

17 特性要因图

设想的要因中不一定包含了真正的原因

没有遗漏地把要因提取出来

■ 特性要因图

特性要因图是为了探求导致问题的原因，把各种各样的要因没有遗漏地提取出来以便于高效率地进行调查的工具。

完成现状把握阶段的工作后，作为候选原因的几个要因开始浮现出来。如果这些要因中有一个是真正的原因（即真因）的话就没有问题了，但是很少能顺利地一次就找到真因。这是因为，负责人有先入为主的思想调查出了非真因，或者原本设想的要因中没有包含真因。

为此，可制作特性要因图（图 3-13），将问题的严重程度用"特性"来明确。为了没有遗漏地提取要因，用鱼骨图的方式考虑 4M（人、设备、材料、方法）（表 3-4）。以此为契机，相关人员一起进行头脑风暴把要因提取出来尽量减少漏项。为了进一步减少漏项，可以参照表 3-5 考虑 5M1E 角度的要因。

如果可以没有遗漏地提取要因，并避免调查出现漏项，且可以快速地集合所有相关者人员检查特性要因图，就能更快地找出真因。

■ 特性要因图的活用

完成的特性要因图如图 3-14 所示，根据此图进一步锁定要因，在图中首先用〇符号将真因标记出来。

表 3-4　4M

人	Man
设备	Machine
材料	Material
方法	Method

表 3-5　5M1E

人	Man
设备	Machine
材料	Material
方法	Method
测量	Measurement
环境	Environment

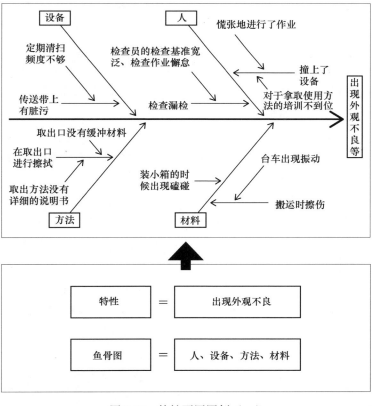

图 3-13　特性要因图例（一）

接下来，对于还不擅长解决问题的人经常会遇到的几个陷阱进行说明。有时会误以为"标记了〇符号的内容是大家全员商讨得出的结论，这个肯定是原因"。这是由思维惯性而出现的想法，一定要注意不要掉入这样的陷阱。

在质量管理中，三现主义的实践很重要。然后要开展"验证活动"。所谓验证，是指"通过数据和现场观察，确认设想与事实的一致性"的活动。

验证的内容如图3-14所示。在产品出现划痕和磕伤等外观不良的时候，相关人员制作出特性要因图。用于生产产品的零件作为材料从大的包装箱分装入小包装箱中的作业是一种定常作业，这会导致出现"一定是由于装箱作业导致的磕伤"的想法。这么想可以，但接下来不能靠仅仅制定"仔细进行装箱作业"的作业标准来解决问题。

这时，接下来应进行验证。

① 直接去装箱作业的现场。

② 把零件从大箱换装到小箱时，零件之间是否有接触，同时确认零件有没有接触到什么硬物。

③ 零件之间有接触或零件接触到硬物，确认时要把零件拿在手上，仔细确认是否有新的划痕。

④ 进一步，用完全没有损伤的零件去验证在进行相同的作业时是否有损伤出现。

只有做到以上这些步骤，才能算是真正进行了验证。

到这里，虽然已经对要因进行了筛选，但还没有确定真因，鼓励继续进行这样的验证活动。制定对策是验证确定真因后的步骤。

> **要点** 按照4M来分角度调查，可以毫无遗漏地把要因提取出来。锁定要因后，一定要去验证是否是真因。

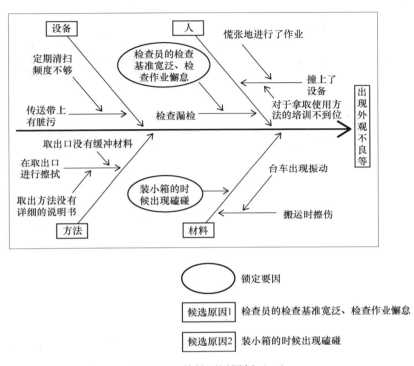

图 3-14　特性要因图例（二）

检查表

实现"防止遗漏"和"统计数量"两项工作的方法

根据使用目的来制作

■ 检查表

检查表的使用目的大致分为两种：第一种是为了防止遗漏；第二种是为了防止统计数量错误。各种不同使用目的可以对应不同形式的检查表，不能说哪种形式是绝对正确的。根据使用目的来制作不同形式的检查表是很重要的。

■ 活用检查表

在灵活使用检查表时，没有绝对正确的使用方法。下面通过示例来说明两种基本使用方法。

检查表例1：

表3-6是用于设备点检时的检查表的例子。

把设备日常点检中应该确认的项目都列出来，一般采用〇、×符号记录检查结果。对于需要用数值记录的检查结果，在表中写下数字。用〇、×符号来记录可以节省时间，也便于检查记录的留存。

检查表例2：

表3-7的示例也是检查表，是用于供应商审核时的检查表。在这个例子中预先设定了评价等级1~5级，只要在相对应的等级当中画上〇就完成了检查，这一点是灵活运用检查表的关键。

表 3-6 设备检查表例 1

	点检项目							2016年6月
装配设备日常点检								
日期	产品类别	装配精度±0.3mm	产品搬运动作	注油 No.1	No.2	No.3	点检者	备注
1	○	+0.11	○	○	○	○	松本	
2	○	−0.08	○	○	○	○	加藤	
3	○	−0.12	○	○	○	○	高桥	
4	○	−0.04	○	○	○	○	佐藤	
5								

点检用

表 3-7 设备检查表例 2

供应商审核用检查表
厂家名：日本能率工业（株）

检查日：2017.01.15
检查者：佐藤太郎

检查项目	评价等级					备注
是否有质量保证体系图	1	2	3	④	5	
比起前年，去年的投诉是否减少了一半	1	2	3	④	5	
部门间的协同是否有效地在开展	1	2	③	4	5	
是否定期地对供应商进行审计	1	2	3	④	5	
是否有信息安全保障	1	②	3	4	5	
		2	3	4	⑤	

用于数据收集

计数用检查表示例：

表3-8是为了清点数量制作的检查表。有3道装配工序，检查表的记录确认了哪个工序发生了什么样的不良以及该不良发生了多少件。记录数据的方法是每出现一个不良画一道 \ ，第5道画上 / 。完成计数后，填写每个项目的合计数量。这样的话，就可以快速记录现场的数据，还不易出错。

从以上3个实际使用的例子来看，根据作业的实际目的努力使表变得方便使用是很重要的。

完成计数检查后，绘制图3-15所示的图形，可以直观地了解不良情况。

表3-8　记录制品不良项目数量的检查表示例

工序名	不良缺陷种类	计数检查栏	数量合计
第1装配	脏污	卌 卌 卌 卌 \\\	23
	磕伤	卌 卌 \\	12
	划痕	卌 卌 卌 \\	17
	异物	\\\\	4
	缺肉	\\	2
	其他	卌	5
第2装配	脏污	\\	2
	磕伤	\\\\	4
	划痕	卌 卌 卌 \\\\	19
	异物	\\\	3
	缺肉	卌 \	6
	其他	卌 \\	7
第3装配	脏污	\\	2
	磕伤	卌 卌 \\\	13
	划痕	\	1
	异物	\\	2
	缺肉		0
	其他	\\	2

用柱状图体现对比

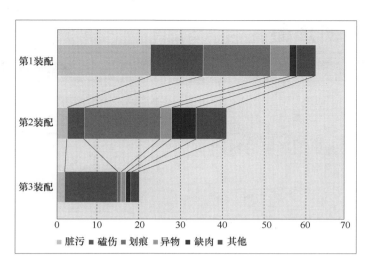

图 3-15　图形化示例

 检查表的有效利用不要局限于基本层面，要根据使用目的灵活运用。

19 图形图

抓住各个图形图的特征

■ 图形图

图形图有饼状图、折线图、柱形图等，没有单独作为 QC 七大工具之一的日常使用的其他各种图形图。

■ 图形图的灵活运用

下面选取几个有代表性的图形图，介绍其使用示例，以及其灵活运用的方法和思考方式。

首先是图 3-16 所示的饼状图。圆内全体为 100%，项目的占比通过相应扇形的面积能够直观地看出来，这是饼状图的特征。

其次是图 3-17 的折线图，用于确认随时间的变化趋势。因此，横轴一般是时间轴。如果横轴不是时间轴，应确认用折线图是否能表达清楚想表达的情况。

下面是图 3-18 的柱形图。比较横轴各个项目之间的大小关系时使用柱形图。仅仅希望表示大小关系时，不使用图 3-17 的折线图，应该使用柱形图表示。

最后是图 3-19 的带状图。这种图适合体现纵轴上各项目之间的时间变化和大小变化。

上述代表性图形图的示例见下文。其他常用的图形图还有雷达图、面状图、堆积柱形图等。

注意，在各种图形图中进行选择时，要点是所使用的图形图能够一目了然地表达想要表达的状况。

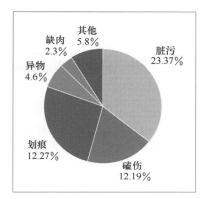

图 3-16　饼状图

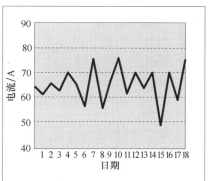

图 3-17　折线图

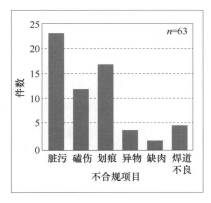

图 3-18　柱形图

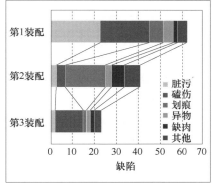

图 3-19　带状图

要点 ▶ 重要的是可以一目了然地看到想要说明的内容。

20

直方图

从分布形状可以推断出总体的分布

■ 直方图

直方图是用来确认数据波动情况的一种工具。确认波动情况前，首先要明确作为基准的规格。在情况具有规格下限、上限时，通过以下角度观察直方图的分布形状来进行判断。

- 有没有低于规格下限的情况。
- 有没有超出规格上限的情况。
- 在出现了超规格的不合格品时，统计出具体的不合格品的数量和程度。
- 即使没有不合格品，通过收集产品的数据，可确认是否有发生不良的可能性。

图 3-20 所示为分布形状示例。分布形状指的是用曲线连接各个柱形数据的最高点，连接后的线的整体形状。分布不是指数据本身的分布状况，而是如图 3-21 所示的连线整体的形状。

如果是随机选取的数据，这些数据也能反映总体数据的特征，因此看直方图的分布可以推断出总体数据的分布形状。

■ 直方图的活用

- 一定要画规格线。

首先，在采集数据时需要注意是否满足产品规格和公司内部规格的要求。

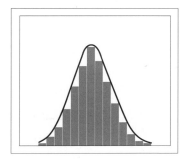

图 3-20　分布形状示例

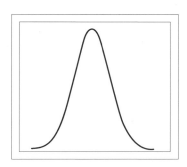

图 3-21　分布示例

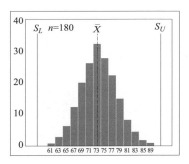

图 3-22　直方图示例

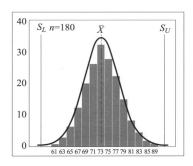

图 3-23　总体的分布形状

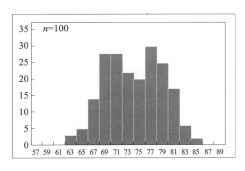

图 3-24　双峰形

绘制如图 3-22 所示的直方图时，一定要在图中画出规格线。这样可以通过一目了然地把握数据是否在规格内。例如当 $n = 180$ 时可以在直方图中看出没有发生不良。必须注意的是，要进行预判，如果数据增加了会出现何种结果？图 3-22 中的 $n = 180$ 应当理解为在偶然情况下没有出现不良。

　　采集的数据越多，就越接近总体的分布形状。例如在观察图 3-23 时，除了看到两侧的规格线外，更重要的是要联想到总体是有更多的数据量。

　　● 根据分布形状的不同采用不同的分析方法。

　　图 3-24 是双峰形分布的例子。这种情况是有两个顶峰，有三个顶峰时叫做三峰形。

　　像这种图形有两个以上顶峰的情况，可以按照下述方法进行分析。

　　首先看到图形的分布形状是双峰形时，可设想下这两个正态分布是否重合。图 3-25 是设想图。可以先确认两个正态分布的顶点是否等高，再确认两个正态分布的横轴范围是否一致，然后看两个正态分布之间的交点是否正好处于柱形高度一半的地方。图 3-25 所示的上下两个箭头线段的长度相等，可以判断为双峰形分布图。

　　判断完是双峰形后，意味着图中的数据混合了有本质区别的两类数据群。那么，找出本质区别是什么，就能找出推进问题解决的方向。本质区别可能是作业者不同、材料生产厂家不同、作业方法不同或者测量方法不同等。可以将其一一列举出来。

　　另外，还有如图 3-26 所示的孤岛形直方图。与双峰形不同的是，图块的大小体现了有本质区别的数据群的大小。出现这种情况的原因是有部分的作业失误。比如，临时停电导致的一部分产品的特性发生了变化，这是异常情况下常见的现象。当确认出现孤岛形时，分析的要点是调查出现了什么异常。

　　在离群柱子只有 1 个、2 个时，先不要过度反应地把没有峰值的数据判断为孤岛数据，需要继续收集数据进行分析。一般来说，当离群柱子只有 1 个、2 个时，应先考虑是否是由于原数据群的横轴范围扩大而出现的这种情况。

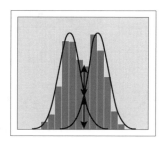

图 3-25　双峰形分布图

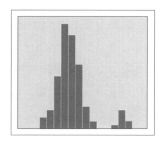

图 3-26　孤岛形直方图

要点 ▶ 如果画出了直方图的规格线，就可以一目了然地看到数据是否在规格内。

21

散布图

有助于因果关系调查

■ 散布图

　　散布图是出现两组数据时，用于调查两组数据间是否存在关系的工具。举一个常见的例子，如身高和体重的关系。图 3-27 是散布图的例子。

　　在制造现场，出现了电压、长度等特性的数值不良时，将影响数值变化的条件作为造成问题的要因考虑时，将变化条件与特性配对，绘制散布图，推测两者之间是否存在关系。

■ 散布图的活用

　　在某产品表面的一部分区域涂上液态树脂并加热硬化，是如图 3-28 所示的制造工艺。之前硬化后树脂的硬度不是什么问题，后来客户要求将树脂硬度的偏差值变小，相应地就需要进行研究。在这种情况下，必须要调查硬度值波动的原因。相关人员商讨推断认为，由于加热炉内的温度出现波动，导致树脂的硬度值随之波动。然后，在加热炉内温度可能有差异的 12 个地方放置涂有树脂的产品，收集这 12 处的炉温，然后测量 12 个产品的硬化温度和树脂硬度，得到表 3-9 的数据。

　　以表 3-9 的数据取点制作的散布图如图 3-29 所示。连接图中各点的直线接近于正方形的对角线，因此可以判断两组数据是有关系的。

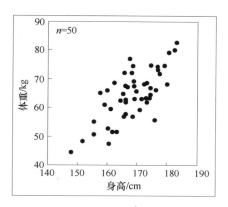

图 3-27　散布图

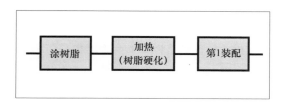

图 3-28　跟踪某制品的工程

表 3-9　树脂的硬化温度和硬度

序号	硬化温度/℃	硬度	序号	硬化温度/℃	硬度
1	154	125	7	150	120
2	147	119	8	145	119
3	136	107	9	152	121
4	158	126	10	133	105
5	132	103	11	145	117
6	146	120	12	151	121

通过对这个示例的试验结果制作散布图，得出了硬化温度和树脂硬度有关系的结论。综上所述，为了降低树脂硬度值的波动，只要减少硬化温度的波动就可以。

散布图就是像这样用于调查因果关系的。

必须要注意的是，如果只是记录下来的数据不是像这个例子那样通过试验得出来的数据的话，就无法判定它们之间的因果关系。

为了更直观地进行理解，再举一个有相关性的例子进行说明。一眼看似乎有关系但是实际上没有关系的状态称为类相关。图 3-30 是类相关的例子。从某男性组的数据来看，跑 50m 的时间越慢的人群年收入越高，试着绘制散布图，连接各个点，得出也基本上是一条直线。那么，是否可以认为跑 50m 的时间和平均年收入有因果关系呢？这是不可能的。可以由散布图体现出因果关系，但是必须通过试验才能证实两组数据之间是否真的存在因果关系。

上述这个类相关的数据是日本工薪阶层中从年轻人到部长职位人的数据，因此乍一看会误认为是有因果关系的数据。

> **要点** 两者之间是否有关系，不能凭感觉，要用数据来确认。

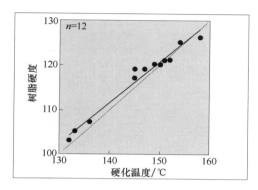

图 3-29　硬化温度和树脂硬度的散布图

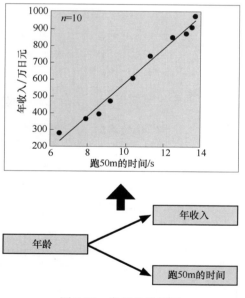

图 3-30　类相关的例子

22

管理图

用来判断数据是否有统计学上异常的工具

关注基于统计理论的管理界限

■ 管理图

管理图用于判断按照时间顺序得到的数据在统计学上是否存在异常的工具。常用确认时间顺序的数据趋势的图形图工具是折线图（图3-31）。那么，管理图（图3-32）与折线图有什么区别呢？可能有不少人会认为区别只在于是否有用于判断异常的界限（横线）。

注意这个界限是基于统计学理论推导出来的，不是随意地画一条线，这才是与折线图最大的区别。计算管理界限值的方法，很多书中有介绍，请自行参考。

两者的区别还有，管理图有提前就明确好的用于判定异常的基准。这时，判定的结果不会因为判定人的不同而不同。

※注：QC 检定是从 2015 年 1 月 30 日（等级表的修订）开始，将管理图和图形图分别作为一大工具方法、按层别角度独立出来的。

本书所述的管理图和图形图是完全不同的。从层别角度来思考是所有方法共通的一种思考方式，故本书没有将层别法单独作为一种方法描述。

> **要点** 请根据 JIS 中介绍的异常判定准则（准则 1~8）来进行判断。

■ 典型管理图——$\overline{X}$-R 管理图

典型管理图，一定是 $\overline{X}$-R 管理图（图 3-33）。下面以 $\overline{X}$-R 图为例对管理图进行说明。

$\overline{X}$-R 管理图，图如其名，从位置来说 $\overline{X}$ 管理图是由上 $\overline{X}$ 图、下 R 图两部分组成的。请思考一下为什么要把这两个图合成为一组图。

$\overline{X}$-R 管理图是为了确认产品是否是按照（各项指标的）目标值生产出来的。

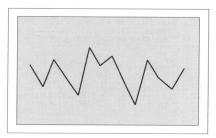

图 3-31　折线图例　　　　　　　　　图 3-32　管理图例

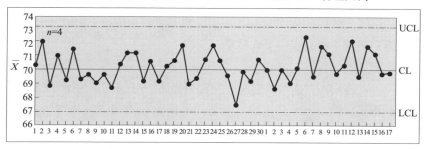

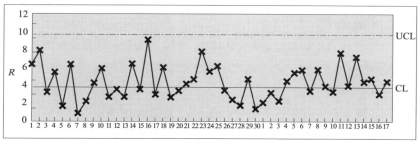

图 3-33　$\overline{X}$-R 管理图例

看各指标的平均值 $\overline{X}$ 可以进行管理，在这种情况下是需要 $\overline{X}$ 管理图的。但是，即使整体上符合标值的 $\overline{\overline{X}}$（$\overline{X}$ 的更进一步的平均值），但如果数据的波动量过大，也是无法满足规格要求而令人困扰的。因此，需要 R 管理图对偏差进行管理〔范围 R（＝最大值−最小值）〕。

■ 异常判定准则

那么，如何判定异常呢？国际规格和日本工业规格 JIS（JIS Z 9020-2）中一致介绍的异常判定准则如图 3-34 所示。图 3-34 是 $\overline{X}$ 管理图，说明也是基于 $\overline{X}$ 管理图进行的说明。把中心线 CL 分别与管理界限 UCL 和 LCL 之间各进行三等分，为了便于理解和说明，按照离中心线从近到远标记成区域 C、区域 B、区域 A。

• 准则 1

超出上下界限（UCL 和 LCL）判定为异常。考虑是否是因为发生了异常而导致的超过界限。

• 准则 2

连续 9 点落在中心线（CL）同一侧判定为异常。平均值（总体平均值）出现了向上或向下的移动。

• 准则 3

出现连续 6 点递增或递减，判定为异常。可以理解为平均值（总体平均值）出现了上升或下降趋势。不确定起点的话没有办法计数，取最低点（或者最高点）作为计数。注意不要出现"不是连续五点吗"这种疑惑。

• 准则 4

连续 14 点中相邻点上下交替排列，判定为异常。不是实际取的固定工况的连续数据，而是随意地选取数据进行记录，容易出现这种现象。

• 准则 5

连续 3 点中有 2 点落在中心线同一侧的 A 区域内，判定为异常。这也可以考虑是平均值（总体平均值）出现上下偏移的情况。

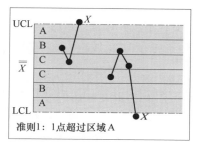

准则1：1点超过区域A

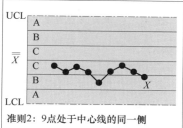

准则2：9点处于中心线的同一侧

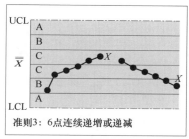

准则3：6点连续递增或递减

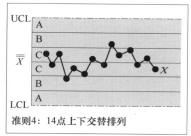

准则4：14点上下交替排列

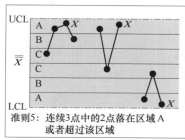

准则5：连续3点中的2点落在区域A
或者超过该区域

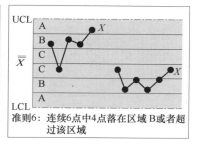

准则6：连续6点中4点落在区域B或者超
过该区域

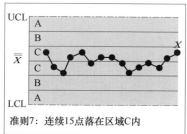

准则7：连续15点落在区域C内

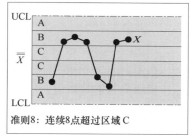

准则8：连续8点超过区域C

图3-34　异常判定准则1~8

- 准则 6

连续 5 点中有 4 点落在同一侧的 B 区域和 A 区域，判定为异常。这也可以认定是上下轮替取平均值（总体平均值）出现上下偏移的情况。

- 准则 7

在两个区域 C 内出现连续 15 点，判定为异常。使用数据群内不同的总体平均值来制作管理图时，会出现这种情况。另外，在推进降低偏差的改善时，也会出现这种情况，因为无法检测到异常，这时需要重新计算管理界限值。

- 准则 8

连续 8 点中没有 1 点落在 C 区域中，判定为异常。在数据群内存在不同的总体平均值，或者有长周期性情况时，会出现这种问题。

■ 管理图的种类

管理图的种类除了之前提到的典型的 $\overline{X}$-R 管理图外，还有各种各样被开发出来的其他管理图。

首先介绍一些大家熟知的管理图。

处理的数据一般可分为计量值和计数值两种：

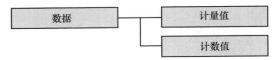

基于计量值数据和计数值数据分别制作计量值管理图和计数值管理图。

（1）计量值管理图

一般所熟知的计量值管理图除了 $\overline{X}$-R 管理图外，还有 $\overline{X}$-s 管理图（图 3-35）、Me-R 管理图（图 3-36）、X-Rs 管理图（图 3-37）三种。与 $\overline{X}$-R 管理图相比较，其各自的特征如下。

$\overline{X}$-s 管理图：用标准偏差 s 代替极差 R，计算 $\overline{X}$ 管理图的管理界限的系数（以下简称为系数），A_3、s 的系数是 B_4 和 B_3。

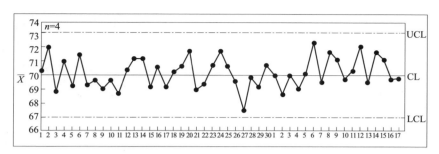

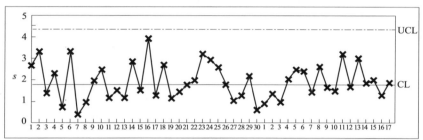

图 3-35 $\overline{X}$-s 管理图例

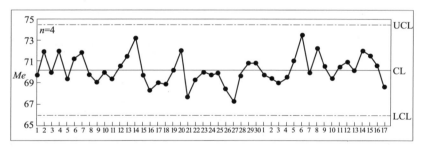

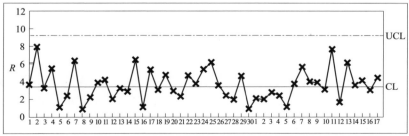

图 3-36   Me-R 管理图

※关于系数的值请参考介绍管理图制作方法的图书。

Me-R 管理图：用中值 Me（中位数）代替平均值 $\overline{X}$，Me 的系数是 A_4。

　　X-Rs 管理图：用一个数据 X 取代平均值 $\overline{X}$。用移动极差 Rs 取代极差 R。X 的系数是 2.660、Rs 的 UCL 的系数是 3.267。LCL 没有系数。

　　（2）计数值管理图

　　接下来介绍广为人知的计数值管理图，包括管理不合格品率的 p 管理图（图 3-38）和 np 管理图（图 3-39）、管理缺陷数的 u 管理图（图 3-40）和 c 管理图（图 3-41）四种。

　　计量值数据和标准差的计算方法不同。从全部不合格品个数和全部检查产品个数计算出平均不合格品率 $\overline{p}$，或从全缺陷数和总基数的大小计算出平均缺陷率 $\overline{u}$ 或平均不合格数 $\overline{c}$ 来计算标准差缺陷。管理界限幅度，是下列各标准差的 3 倍。

　　p 管理图：管理不合格品率。管理界限是 $\overline{p} \pm 3\sqrt{\overline{p}(1-\overline{p})/n}$。根据检查个数 n 的不同，管理界限应不同。

　　np 管理图：对检查个数 n 一定情况下的不合格品数进行管理。管理界限是 $n\overline{p} \pm 3\sqrt{n\overline{p}(1-\overline{p})}$。

　　u 管理图：管理划痕等的平均缺陷数。管理界限是 $\overline{u} \pm 3\sqrt{\overline{u}/n}$，根据群的大小 n 的不同管理界限应发生变化。

　　c 管理图：群的大小 n 一定情况下的管理缺陷数。管理界限是 $\overline{c} \pm 3\sqrt{\overline{c}}$。

■ 管理图的活用

　　下面运用简单明了的例子说明管理图的作用。用管理图来管理工序内制品的特性，如图 3-42 所示，有数据点超过了下界限。这是因为出现了异常，为了避免生产出大量的不合格品，在正常情况下应停止生产。

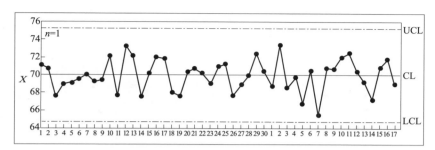

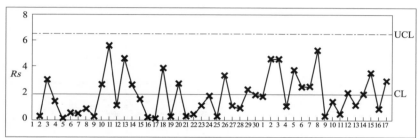

图 3-37 X-Rs 管理图例

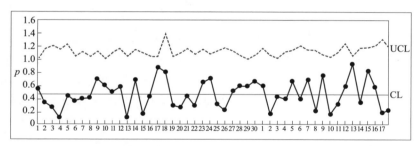

图 3-38 p 管理图例

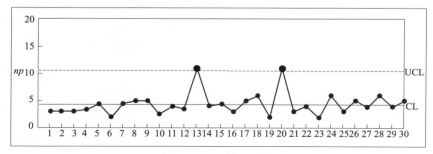

图 3-39 np 管理图例

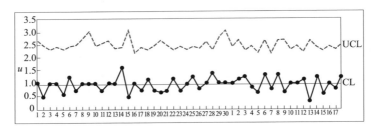

图 3-40　*u* 管理图例

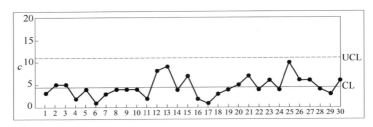

图 3-41　*c* 管理图例

接下来应思考为何出现了异常，这时需关注管理图横轴时间顺序的信息。7/11 之前没有问题，在 7/12 出现了异常，只要调查这一天之内有什么变化就可以。比如 7/12 的早上把材料用完了，开始使用下一批次的材料继续生产。如果没有其他类似的发生变化的事项的话，问题发生在材料批次上面的可能性非常大，集中调查材料的批次就可以了。如果没有制作管理图的话，就必须抱着疑问调查 7/11 以前，会拉长调查原因工作的时间。

从图 3-42 基本上可以判断是突发的异常。如果不是基于此管理图进行判断，而是认为工序平均水平下降了采取提高工序水平的措施，就会出现不合格品堆积如山的情况。

发生异常的原因各种各样，从时间顺序信息中查找原因，这是管理图的作用。

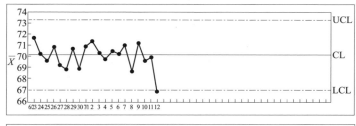

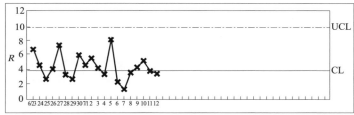

图 3-42　管理图的运用

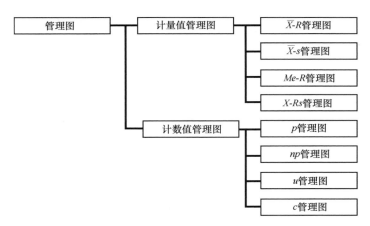

图 3-43　管理图的种类

干 叶 图

通过图形图来表示数量值的时候，常常使用直方图。干叶图的作用与直方图相同，它就像是横向放的直方图。

● 直方图示例

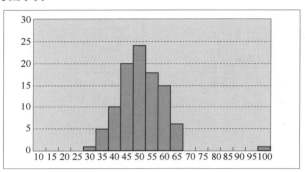

● 干页图示例

干│叶

2 │ 8

3 │ 33345677899

4 │ 00001111122234444555555566677777788888889999

5 │ 00000111112223334444445666777777788899

6 │ 00111134

7 │

8 │

9 │ 9

（怎么看）

2 │ 8　　　　　　　←28　有这类数据

3 │ 33345677899　←33，33，33，34，35，36，37，37，38，39，39

　　　　　　　　　　有这类数据

9 │ 9　　　　　　　←99　有这类数据

第 4 章

QC 改善活动与
QC 七大工具的对应

23 选定主题与帕累托图

对致力于推进的主题要进行深究

确定重点导向选定主题

致力于解决问题的时候，即使已经确定了像"降低不良率"这样的大主题，也常定不下来怎样做才好的具体推进主题。这种时候该怎么办呢？即使呼吁员工"以重点为导向"，也会因为需要解决的问题太多而迷茫，无法做出决定。

这种时候，重要的步骤是深入挖掘问题，把握现状，找到重点是什么。

找寻答案的有效工具是 QC 七大工具的帕累托图。

举个例子来说明，大的主题是减少不良品数量，并任命了这个主题的负责人。虽说都是减少不良品，但不良的种类多种多样，根据制品不同而不同。所以可以假设每个制品的不良品数量是不同的。

如果不知道具体每个制品的不良品数量，首先应该把握现状，调查各个制品的不良品数量都有多少。另外，即使知道不良品数量，单纯以数量多为依据，按照数量多少的顺序去改善也不一定是重点导向的。

调查现状的具体结果见表 4-1。根据调查结果确定针对哪个制品优先致力推进，并制作帕累托图。

分别制作纵轴为不良品数的帕累托图（图 4-1）和纵轴为不良品金额的帕累托图（图 4-2）。着眼于不良品数的话，制品 A 和制品 B 的两个累计比率约为 80%，对两者同时致力推进改善的话，不良品数量会有相当大幅度的减少。另外，着眼于不良品金额的话，对两者同时致力于推进改善，不良品金额就会减少 90% 以上。

表 4-1　各个制品的不良品数

制品名	不良品数/个	各个制品的单价/ 日元	各个制品的合计金额/ 日元
制品 B	200	180	36000
制品 A	1000	10	10000
制品 D	55	30	1650
制品 C	70	10	700
制品 E	90	7	630
其他	85	—	1020

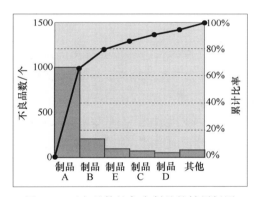

图 4-1　不良品数的各个制品的帕累托图

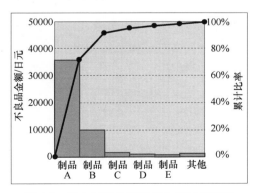

图 4-2　各个制品的不良品金额帕累托图

在这个例子中，设定减少不良品数量的大主题后，使用帕累托图锁定主题。这种情况下具体的主题是"消灭制品 A、B 的不良品"。这是重点导向的基本思路。

如果大主题的目标是不良品数减半，通过"减少制品 A、B 的不良品数"可将目标不良品数减少 63%，总体上可以实现将不良品数减半。如果大主题是不良品金额减少的话，首先应该考虑不良品金额的帕累托图。如果还有解决问题的负责人数量无法增加等制约条件，也不得不先把重点放到制品 B 上。

像这样先确定大主题是什么，根据人、金钱、时间等制约条件的不同，答案也会有所不同。如果有感觉困扰的地方，要和上级领导商谈解决。

而且，在看帕累托图时，进一步分析图的内容也很重要。比如，得到了像图 4-1 一样的帕累托图之后，需要更加详细地分析构成制品 A 的零件情况。

以制品 A 为例，从不同零件的不良件数来看，零件 1 占 80%（图 4-3）。由此可以进一步聚焦改善的重点，致力于减少制品 A 零件 1 引起的不良就可以了。

> **要点** 根据目的和制约条件的不同，选定的主题也会不同。

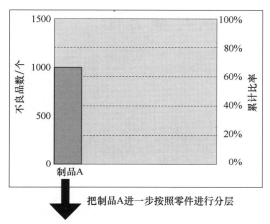

把制品A进一步按照零件进行分层

零件1	800	80%
零件2	100	10%
零件3	60	6%
零件4	40	4%

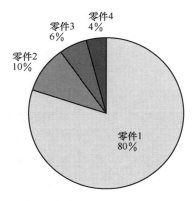

图 4-3　根据帕累托图对不良品进行分层

把握现状与直方图

直方图是用于正确把握数据偏差波动（分布）的工具

一目了然地把握现状

把握现状从选定主题阶段就开始了。如果有对现状不清楚的地方，那肯定是现状把握不够。在确定了具体主题以后，必须要很好地把握与这个主题相关的状况。特别是计量值，如质量、长度等连续的测量值，在采集相应数据的时候，需要确认以下三点。

- 波动偏差的情况（分布形状）。
- 分布的中心是哪里。
- 是否满足了规格。

把握这些现状可以使用直方图。比如，特性值是指电流这样的测量值，如果出现了不良，就要考虑消除不良。为了把握现状，把制品的数据量取为 $n=200$，可以得出表 4-2 的结果。

若不用图表体现，出现这种制品的目标值高于规格中间值 70mA 向高处偏 4.31mA，就会被理解为产生了 28 个不良品。如果真实原因不是偏离目标值，而是其他问题的话，就有可能会采取错误的对策。直方图就是可以避免采取错误对策，正确把握数据波动（分布）的工具。

用表 4-2 的数据计算绘制直方图，如图 4-4 所示，数据的偏差（分布）呈现双峰形。1 个峰的中心值是 70mA 左右，另一个峰的中心值是 79mA 左右。由图可知，出现目标值偏离结果的组有 2 个。这种情况需要进一步分析层别。图中峰的大小（度数）差不多，所以分为 2 个层别的要素即可。

表 4-2　制品电流值的测量结果

数据	200 个
平均值	74.31mA
规格上限（80mA）超差	28 个
规格下限（60mA）超差	0 个

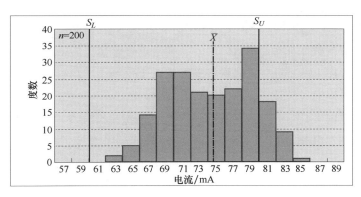

图 4-4　电流值的直方图

　　进行层别分析的时候，不仅要考虑峰的数量，还要考虑峰的大小（度数），分析层别的要素同样很重要。

 分布呈现两个峰时，要分析层别，调查原因。

25 把握现状与管理图

按照时间顺序来查看分布情况

通过统计分析判断有无异常

确认数据分布的形状、中心、满足规格等情况后，要调查是否有时间顺序上的特征，这时候管理图就派上用场了。与折线图不同，管理图可以通过统计，分析判断有无异常。

在图4-4的例子中，假设1天采集的数据量为 $n=8$，可以制作 $\overline{X}$-R 管理图，其结果如图4-5所示，这时数据分布太接近中心线了，可能是1天 $n=8$ 的数据采集方法有问题。比如，上午的4个和下午的4个是不同的生产线，或者零部件的进货厂家不同。性质不同的数据组成一组的话，就会出现这种绘制的点过于接近中心线的情况。$3/9\sim3/25$、$\pm1\sigma$ 内连续出现了17个点的现象。这种状态被称为中心化倾向。

在调查异常原因的时候，必须把制造工序的条件考虑在内，从而绘制分层管理图。

有时候会容易把中心化倾向理解为管理图上的点接近中心线没有大幅度变动，是非常良好的一种管理状态，从而漏掉很多要素。一定要注意避免这么理解和漏掉要素。真正管理良好的情况下采集的数据的分布，在管理图中的管理界限应该更窄。

> **要点** 如果出现了过分接近中心线的情况要引起注意。

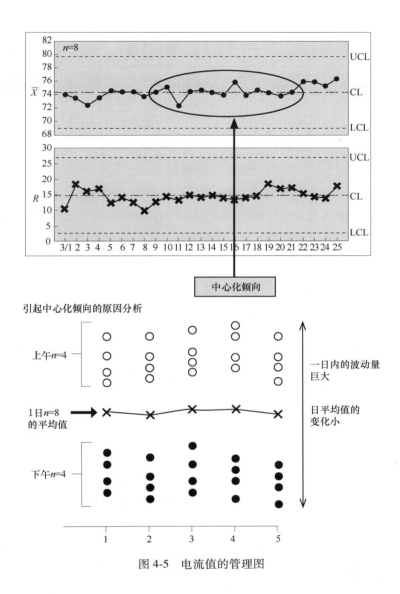

图 4-5　电流值的管理图

解析原因与特性要因图

客观地显示可能的原因

在把握现状的基础上，明确现状的"特性"

通过把握现状明确了是什么问题以后，接下来要进行原因解析的步骤。在原因解析中，并不是用"这个肯定就是原因"这样先入为主的思考方式来进行调查，应首先客观地分析"哪些情况可能是原因"，特性要因图就是达到这个目的的工具。

通过制作特性要因图，不仅仅是自己，还要结合相关人员的意见，按照可能性高低顺序优先调查最有可能的原因。

制作特性要因图的时候，注意要在把握现状的基础上来明确"特性"。

对于图 4-4 的例子来说，出现"电流不良"这种特性不好。在电流不良的情况下，电流值大和电流值小的原因肯定不同。要知道，现象不同时，原因也不同。

那么，将特性理解为"电流值超过上限规格"就可以了吗？这样还是不够的。在现状把握的直方图中，根据表格分析可以呈现电流值的双峰形分布状况，对于特性的判断和掌握必须基于图形的情况。形成双峰形表明存在某种层别要素的原因。如果制作出的特性要因图是可以真实反映特性的，就可以排除掉错误的要因（图 4-6）。

要点 在特性要因图中预设的要因，一定要基于事实和数据进行验证。

应召集相关人员一起用头脑风暴法，共同完成特性要因图。之后，为确定当前工作的优先顺序，需要锁定某个要因。

在现场常常出现"只要被锁定的就是真因"的错误结论，其实锁定仅仅是为了确认调查的优先顺序。另外，即使确定了优先顺序，同时进行调查可行的话，应同时推进调查。

在调查当中，最重要的工作是进行验证。所谓验证是对于特性要因图中预设的原因，基于事实和数据确认其是否是真实原因。如果要因经过验证后能确定是真因的话，就能采取恰当的对策消除真因（防止再发）。如果没有进行验证，真因是别的而不是当下误以为的原因，那么即使采取对策，也无法消除原因。各位读者，是否之前也有过由于疏于验证而导致痛苦的记忆呢？

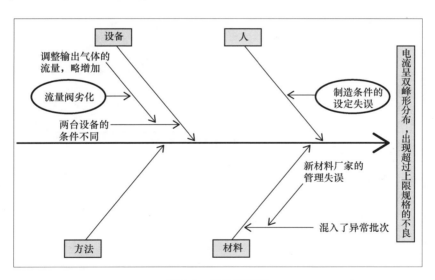

图 4-6　特性要因图

27 解析原因与直方图

从偏差中找出要因

从分布的位置、广度、形状来推测原因

  利用直方图分析主要原因时，从分布的位置、广度、形状来推测原因。在分布形状没有问题的正态分布或高原形，但因分布过于广泛导致超出规格的情况下，可以利用特性要因图实事求是地来调查出现偏差的原因。

  如果分布是孤岛形或前文列举的双峰形，就要用相应的层别要素来绘制分层直方图。

  在不同条件下层别要素是不同的，所以请根据可疑的要素划分层别。作为参考，请看制造现场具有代表性的层别要素示例，见表4-3。

表4-3 具有代表性的层别要素示例

4M	代表性层别要素示例
人（Man）	作业者、值班人员（白班、夜班等）
机器、设备（Machine）	制造机器号、设备型号、生产线、生产场所
方法（Method）	作业条件（制品、设定温度、设定时间、设定压力、气体的设定流量等）
材料（Material）	材料批次、材料供应商

 在要因解析中，建议不仅要绘制直方图，还要绘制分层管理图。

在列举的例子中，由于使用了不同的设备，因此试着画了按设备进行分层的直方图（图4-7）。绘制分层直方图时应注意的是，将比较的两个直方图的区间和度数轴设为相同，纵向排列。通过纵向排列，可以很容易地比较分布的中心位置和偏差幅度。由图4-7可以看出，1号机几乎和目标值相同，而2号机则大幅偏离目标值。偏差幅度可以说1号机和2号机大致相同。通过比较可以知道2号机是产生不良的原因。

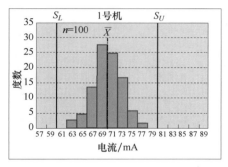

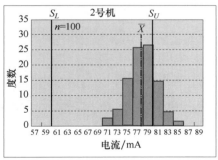

图 4-7　用制造装置分层的电流值直方图

那么，2号机为什么会偏高呢？必须进一步解析要因。

在本例中，"为什么"重复了2次，据说"为什么"重复5次，就容易找到真正的原因。请不要只问一次"为什么"。

在解析要因时，建议不要只画直方图，同时也要画分层管理图，因为能得到很多有用的时间序列信息。如果工序没有异常，也可以不考虑按时间顺序来分析原因。

下面，我们按机号制作管理图。

由管理图可以看出，1号机处于稳定状态（图4-8），但是2号机的管理图平均值不同（图4-9）。这与之前直方图获得的信息一致，而且2号机有逐渐上升的趋势。从而可以看出，还可以寻找随时间变动的要因。

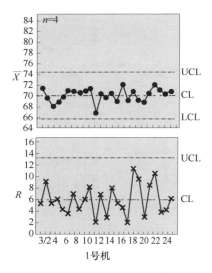

图 4-8　1 号机的管理图

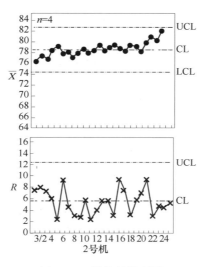

图 4-9　2 号机的管理图

在比较管理图时，如图 4-10 所示横向排列即可。

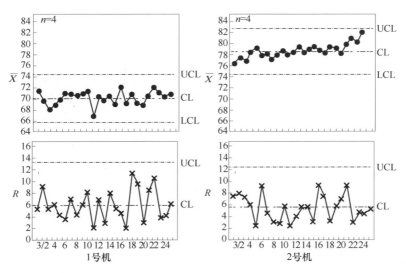

图 4-10　横向排列的管理图

28 解析原因与散布图

从关系中找出原因

知道有无关联，却不知道因果关系

　　散布图是确认两个因素之间有无关联时使用的工具，因此散布图对于确认预设的原因是否影响了结果是有效的。

　　在所举的例子中，怀疑是由于流量阀的劣化导致其调整的输出气体流量微增（参照图4-6）。因此，为了准确测量输出的气体流量，在散布图上试着绘制了气体流量与电流值的关系。绘制散布图时需要注意的是，围绕打点范围的四角形大致呈正方形。因为这样画的时候，如果打点在对角线上，就可以判断为有相关关系。在图4-11中，右上对角线附近有很多数据，从这个散布图就可以看出，输出气体流量和电流应该有相关性。

　　另外，从散布图中只能看出有关系，不能看出是否有因果关系。因果关系需要通过实验确认。因此，在这个例子中，通过实验确认了输出气体流量和电流之间是否有因果关系。在实验中，为了评价实验之间的偏差，在相同的条件下重复实验3次，同时，为了缓和时间变化带来的未知的变动影响，一共进行了12次随机实验，结果见图4-12。实验证明，随着输出气体流量的增加，电流值呈线性增加，两者之间存在因果关系。根据以上结果，可以验证图4-9的管理图中电流值呈上升趋势的原因是输出气体流量的微增。

要点　散布图是将打点范围周围的四角画成正方形。

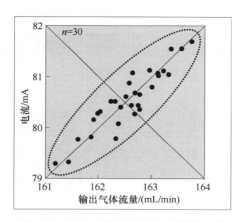

图 4-11　输出气体流量和电流的散布图

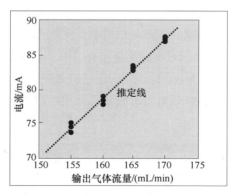

图 4-12　电流随输出气体流量变化实验结果

29

确认效果与直方图

为了评价对策的有效性而确认效果

对策就是消除原因

解决问题的对策就是消除原因。按照预想的那样，如果能消除原因就没问题了，但也有不可行的情况。因此，为了评价对策的有效性，确认效果很重要。

制定对策后，用与把握现状相同的方法，确认效果。如果用对策将问题解决了，就可以判断是有效果的。

在本例中，因为确认了直方图中有超出规格的现象，所以采取对策后也要制作直方图。图 4-13 采集了采取对策后的 200 个数据进行直方图的制作。虽然还不能说对规格充分考量，但是分布形状是正态分布形，也没有超出规格。由此可以判断当初的问题已经解决了。

接着，如图 4-14 所示制作了分层直方图。出现问题的 2 号机的平均值是规格中间值 70mA，这说明问题已经解决了。

综上所述，可以确认对策有效果。

> **要点** 采取对策后，用与把握现状相同的方法确认效果。

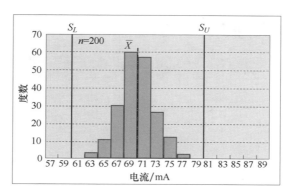

图 4-13　采取对策后的电流直方图

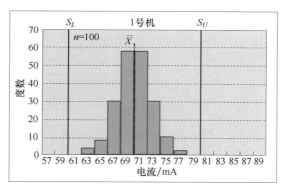

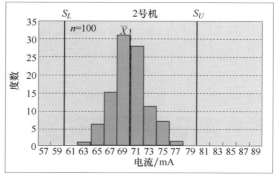

图 4-14　采取对策后，用制造设备进行分层的直方图

30

确认效果与管理图

关注随时间的变化

按时间顺序确认

如前所述，制定对策后，原则上用与把握现状相同的方法确认效果，同时也有必要按时间顺序分析，确认工程是否处于稳定状态。

图 4-15 是采取对策后整体的 $\overline{X}$-R 管理图。通过把握现状的步骤确认了图 4-5 所示的管理图出现了中心化倾向的异常，但图 4-15 中没有管理偏差和中心化倾向等异常，处于稳定状态。

另外，考虑这个例子是不是制造设备原因，也进行了制造设备的层别分析。结果，2 号机的平均值比 1 号机高，发现了上升倾向的异常（图 4-10）。在确认效果的步骤中，也和分析原因一样，绘制分层的 $\overline{X}$-R 管理图。图 4-15 所示的管理图按照制造设备进行了分层，如图 4-16 $\overline{X}$-R 管理图所示。1 号机和 2 号机都没有出现管理偏差和上升倾向等异常。此外，通过将纵轴刻度对齐横向排列，可以知道采取对策前不同设备的平均值在采取对策后大致相同。综上所述，确认了对策的效果。

像这样，用与在把握现状和分析要因阶段发现问题相同的方法，确认效果。

> **要点** 采取对策后确认效果时，也要确认工程在时间顺序上是否稳定。

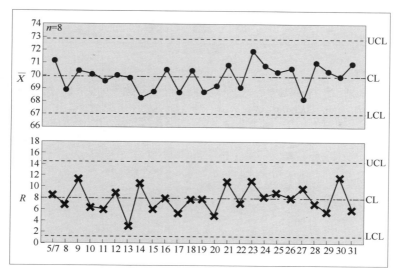

图 4-15　采取对策后的电流 $\bar{X}$-R 管理图

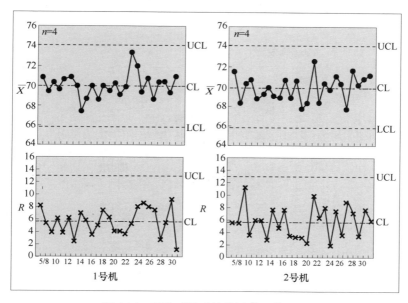

图 4-16　采取对策后的分层 $\bar{X}$-R 管理图

气　泡　图

用于查看 2 类相同数量数据之间的关系时，下图所示的散布图较有效。

- 散布图例

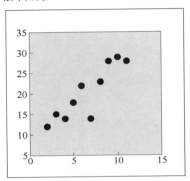

通过改变散布图的点的大小，使相应数据的数量可视化，即为下图的气泡图。

- 气泡图例

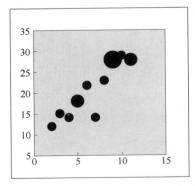

气泡图和散布图一样，向右上角趋势是正相关，向右下角趋势是负相关。与散布图不同的是，气泡图中的点越大，相应数据的数量越多。

第 5 章

新 QC 七大工具

新 QC 七大工具概述

用于计划

分析用语言表达的数据

新 QC 七大工具是指以下七种方法。

① 关联图法。

② 系统图法。

③ 矩阵图法。

④ PDPC 法（过程决策程序图法）。

⑤ 箭形图法。

⑥ 亲和图法。

⑦ 矩阵数据分析法。

这些方法，除了矩阵数据分析法以外，都是用于分析语言数据的工具。语言数据是指像"这个商品轻便易携带，但是很快就会坏掉"这样用语言表达的数据。

QC 七大工具在 PDCA 循环中的 C（Check，确认）阶段被广泛使用，在推进质量改善方面有助于重要的逻辑性思考和数值数据的分析工作。新 QC 七大工具主要用于 P（Plan，计划）阶段，是在创造性思考和进行新企划时发挥作用的方法。

 要点 新 QC 七大工具在创造性思考和进行新企划时会发挥作用。

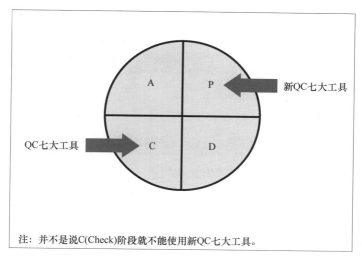

图 5-1　PDCA 循环和 QC 手法

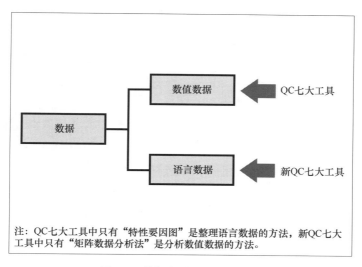

图 5-2　数据的种类和 QC 手法

32 关联图法

探究错综复杂问题的原因

提炼需要改善的重要原因和根本原因

关联图是适用于探究错综复杂问题原因的方法。把问题和原因、原因之间的因果关系用箭头线表示出来，锁定应该改善的重要原因和根本原因。

关联图是在 QC 改善活动中，要因分析环节经常使用的方法，与特性要因图起着相同的作用。

在关联图中，没有箭头线指向的原因（不能再进一步追究的原因）被称为根本原因。为了防止问题的发生，针对这个根本原因考虑对策就可以了。

但是，也有无法解决的根本原因。在这种情况下，应针对根本原因的前一个原因考虑对策。另外，许多箭头线指出的原因和许多箭头线指向的原因应该作为重要原因来对待。

那么，我们来考虑一下特性要因图和关联图的使用区别。原因复杂地缠绕在一起的时候用关联图，而大的主要原因和小的主要原因呈现层次结构的时候用特性要因图比较好。

画特性要因图的时候，如果相同的要因有多个且各处分散的时候，原因之间会互相干扰。在这种情况下用关联图有效。

> **要点** 分析要因，针对根本原因灵活采取对策。

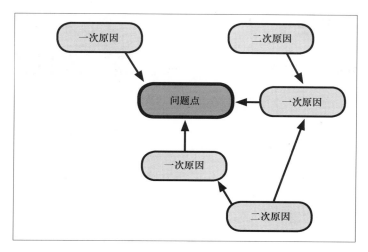

图 5-3　关联图图样

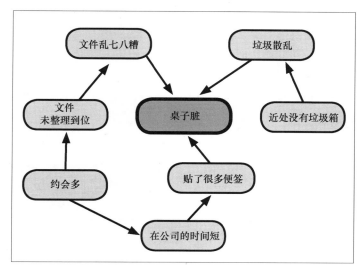

图 5-4　关联图图例

33 系统图法

在思考如何达成目标的方案时应用

考虑目的和手段的连锁反应

设定目标（目的）后，要思考该目标如何达成，也就是说在构思方案（手段）时，系统图很有用。

系统图被用于 QC 改善活动步骤中的"对策制定"。

系统图是考虑目的和手段的连锁反应而展开的。在左端写下最大的目的，考虑达成该目的的手段，这是一次手段。然后以一次手段为目的，考虑二次手段、三次手段、四次手段等，向右侧展开。因此，位于右端的手段是最终手段，是实施项目。

但是，最终还是要从效果、可行性、重要性、经济性等角度进行评价，再确定实际执行的实施项目。

系统图大致分为两种类型：一种是对策展开型；另一种是构成要素展开型。展开达到目的的手段是对策展开型，将目的的内容细化是构成要素展开型。

 要点 展开对策最右边的是最终手段，也是实施项目。

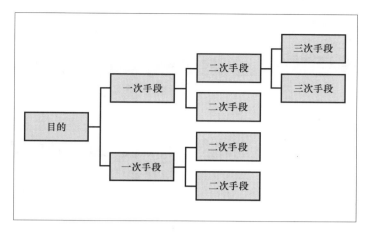

图 5-5　系统图图样

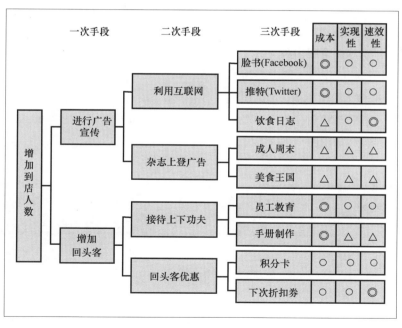

图 5-6　系统图图例（对策展开型）

34

矩阵图法

整理事项之间的对应关系

查看有无关联

当有多个事项时，想要整理事项之间的对应关系，用二元表进行整理时会更容易看清楚，同时还能有效地发现重复和遗漏。这时矩阵图有助于理清多个事项之间的对应关系。

在矩阵图中，把希望看到对应关系的项目称为事项，各项目的内容称为要素。也就是说，矩阵图是将属于两个事项的各要素排列在行和列，行和列相交的格表示各要素有无关联。

矩阵图有很多种，其中最常用的是以下四种：

L 形矩阵图（两个事项）。

T 形矩阵图（三个事项）。

Y 形矩阵图（三个事项分别有对应关系的时候）。

X 形矩阵图（四个事项）。

> **要点** 当有两个以上的现象时，能够整理出每个现象之间的对应关系。

实施项目		项目			负责部门			
		成本	现实性	速效性	宣传部	人事部	总务部	经营企划部
实施项目	Facebook的制作	◎	○	○	◎		○	
	Twitter的发声	◎	○	○	◎		○	
	员工的教育	◎	○	○		◎		
	手册的制作	◎	△	△		◎		
	打折	○	○	◎				◎

图 5-7　L 形矩阵图图例

事项					工序	原因				
破碎	裂痕	污渍	损伤	颜色		转速	热处理温度	压力	涂装时间	干燥温度
		○	○		组装					
		○	○		焊接		○	○		
○	○				压缩			◎		
				○	涂装				◎	
				○	干燥					○

图 5-8　T 形矩阵图图例

PDPC 法（过程决策程序图法）

35

在实施过程中提前预测可能发生的情况，并计划相应的一系列措施

把顺利的计划和不畅的计划结合起来

原本认为顺利的计划在付诸实施时，会发现执行计划的要素根据具体情况而不同，在执行过程中会出现各种各样的障碍，经常会出现无法按照当初的计划进行的情况。PDPC 是事先预测实施过程中可能发生的事态，并计划一系列手段的工具。

PDPC 是"Process Decision Program Chart"的缩写，直译为"过程决策程序图"，是在 QC 改善活动步骤中"制定对策"阶段使用的方法。

开发新产品的过程是不断地试错、失败与成功的反复过程。在这种情况下制定计划时，关键是要将一切顺利进行的情况下理想的（乐观的）计划和不畅的（悲观的）计划很好地结合起来。在制定结合计划时，PDPC 是很有帮助的。

PDPC 对于在"不尝试就看不到未来""因为对方有问题，所以不一定能按照自己的计划进行"这样的局面下制定计划非常有效。具体事项包括研究开发的立项、重大事故防止对策的立项、营业活动的战略立项等。

PDPC 没有特别的制作规则和正式的形式，它的特点是可以自由制作，完成的 PDPC 与流程图相似。

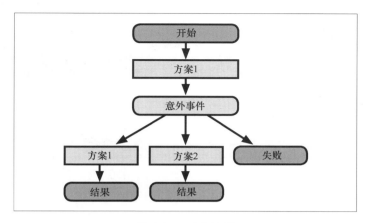

图 5-9　PDPC 流程

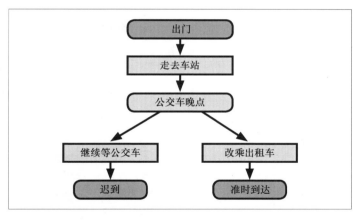

图 5-10　PDPC 示例

要点　这种方法在不能按计划进行的情况下非常有效，会不会多出一些意外事件是很重要的。

36 箭形图法

制定最合适作业和实施项目的日程计划

从开始到完成的工作项目按时间顺序排列

　　箭形图是为作业和实施项目制定最佳日程计划，有效地进行进度管理的最佳方法。并行进行的工作和有没有时间上的富余，在箭形图上很明确。

　　箭形图是将从工作或项目从开始到完成为止的工作项目按时间顺序排列并用箭头线连接起来的图。

　　在制定日程计划和进度管理中时，也经常使用甘特图（条形图）法。甘特图是一种以纵轴为实施项目、横轴为时间，用线条表示计划和实际成果的图。

　　与甘特图相比，箭形图会更有效地捕捉到当某项工作出现延迟时，会对整体日程产生怎样的影响。综上所述，箭形图可用于"对策的制定和实施"。

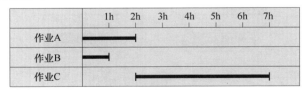

	1h	2h	3h	4h	5h	6h	7h
作业A							
作业B							
作业C							

> **要点** 可以把握某项工作的延迟会给整体带来怎样的影响。

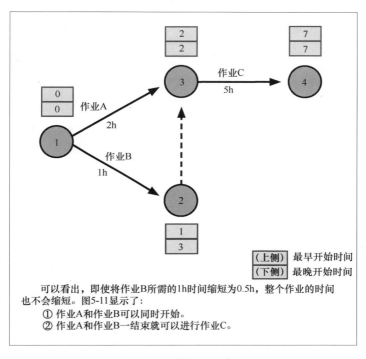

可以看出，即使将作业B所需的1h时间缩短为0.5h，整个作业的时间也不会缩短。图5-11显示了：

① 作业A和作业B可以同时开始。

② 作业A和作业B一结束就可以进行作业C。

图 5-11　箭形图图例

37 亲和图法

统合和汇总语言数据

关注语言数据的意思相近程度

　　亲和图法就是当收集到对产品的意见和想法等语言数据时，将语言数据进行统合和汇总的图示法。另外，亲和图在将形象具体化的时候也很有效。因此，亲和图经常被用于发现主题、整理问题、把握顾客要求的质量等。

　　例如，假如顾客对手账这一产品的要求是，一个顾客说想要轻便的，另一个顾客说想要小的。用亲和图法把这些语言数据进行整合，把顾客的要求概括为"想要便携性好的手账"这样的一句话。

　　亲和图关注的是语言数据所表达意思的相近程度（亲和性），通过整合相近事物，归纳语言数据。

　　像表达顾客要求的语言数据，很少被有计划地系统收集，大多是零散的数据。把这些语言数据进行综合归纳并找出重点，就是亲和图的作用。

　　语言数据包括以下内容。

- 事实数据：（例）计算机无法运作。
- 推测数据：（例）零件毁坏了吧。
- 创意数据：（例）只要更换零件就能修好。
- 意见数据：（例）希望能简单地修理。

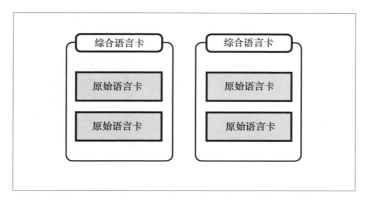

图 5-12　亲和图图样

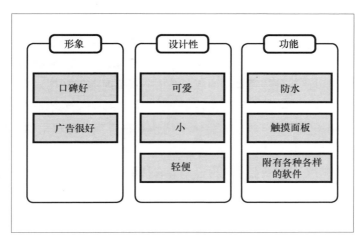

图 5-13　亲和图图例

 对零散杂乱的语言数据进行综合、归纳，找出重点。

38 矩阵数据分析法

对特性进行综合评价

新 QC 七大工具中唯一分析数值数据的工具

产品的质量可由多个特性来评价，不仅要对特性进行单独评价，还要进行综合评价。综合评价时需要用到矩阵数据分析法。

矩阵数据分析法是新 QC 七大工具中唯一分析数值数据的工具，是统计方法（多变量分析法）的一种，与主成分分析法手法相同。

在此，我们以轿车的质量为例，作为决定质量的特性，可以考虑油耗、马力、最高时速等多个特性。如果有几款轿车的这些特性的数据，就可以比较各款轿车的油耗、马力、最高时速等特性。

另一方面，不是对特性进行单独评价，而应进行综合评价时，就可以使用矩阵数据分析法，将多个特性进行合成，计算出综合指标。用这个综合指标来评价对象（事物或人），就能得到综合性的评价。

矩阵数据分析法除了可以设定综合指标外，也可以用于相似产品和不相似产品等对象的分组和商品定位等。

变量的分布图被称为主成分负荷图，通过观察该图，可以直观地发现哪些变量之间的关系强。关系强变量的打点位置相邻。个体的分布图被称为主成分得分散布图。通过得分点之间的距离，可以直观地看出哪些个体的类型相似。

车型	发动机	驱动	高级感	设计	乘坐舒适性	静音	成本
A	6	5	2	3	4	5	1
B	6	4	2	3	6	7	2
C	6	5	2	4	5	6	2
D	3	2	1	2	2	2	1
E	1	2	1	3	3	1	1
F	2	1	1	2	3	4	2
G	6	6	5	5	6	6	5
H	1	2	1	2	2	1	1
I	3	2	7	7	2	2	1
J	1	3	3	6	6	3	2
K	7	7	3	5	5	5	6
L	6	7	4	3	2	3	4

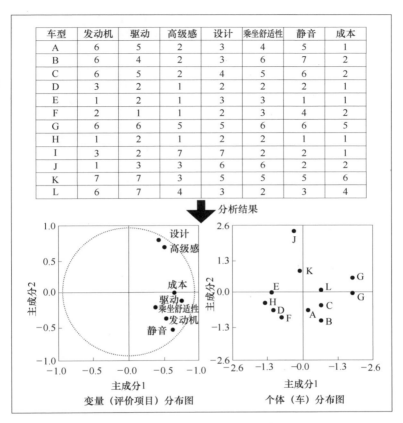

分析结果

变量（评价项目）分布图

个体（车）分布图

图 5-14　矩阵数据分析法图例

要点　计算合成多个特性的综合指标。

QC 检定（质量管理检定）

QC 检定（质量管理检定）是在日本全国范围内进行笔试，客观评价一个人对质量管理相关知识掌握情况的考试。在 2005 年举行了第一次考试，现在每年进行两次（3 月和 9 月）考试。

QC 检定考试根据为企业做什么样的工作，在哪项工作中实施质量管理，改善的水平是多少，以及为了管理，改善需要多少知识，设定了四个等级。

各等级的考试对象如下。

■ 1 级／准一级

质量管理部门的工作人员、技术部门的工作人员等在企业内从事需要质量管理全部知识的业务人员。

■ 2 级

要求能够自己使用 QC 七大工具等解决质量相关问题的人，在小组活动中担任领导者的角色，领导改善活动的人。

■ 3 级

能够理解 QC 七大工具等个别手法的人，在小组活动中作为成员进行活动的人，如大学生、职高生等。

■ 4 级

今后想在企业工作的人，在人才派遣企业等注册的派遣职员，如大学生、职高生、高中生等。

※以上引用自日本规格协会主页。

第 6 章

基于 QC 七大工具解析原因

解析原因的实例

根据结果分层的实例

关注变化的解析原因实例

39 解析原因的实例

使用实际数值进行原因分析的实例

一般使用的是数量数据和质量数据

下面通过实例来介绍 QC 改善活动中最重要的步骤，即在原因分析中 QC 七大工具的应用方法。

■ 把握问题的背景和现状

U 公司的某木材制品有弯曲强度不足的问题（图 6-1）。弯曲强度的规格设定为 45N/mm² 以上。因为生产出了不满足该强度要求的不合格产品，将"降低强度不良"作为改善主题进行改善。

■ 通过特性要因图提取要因（部分摘录）

对图 6-2 所示的特性要因图进行原因的提取，结果被认为影响弯曲强度的主要原因为：

① 黏合剂用量。

② 干燥时间。

③ 木材种类。

■ 数据的收集

在分析原因时，需要掌握弯曲强度和黏合剂用量、弯曲强度和干燥时间、弯曲强度和木材种类的关系的数据。为此，收集每个产品的弯曲强度和相对应的数据是必要的。

因此，从生产记录的数据中，收集了与主要原因相关的数据，见表 6-1。

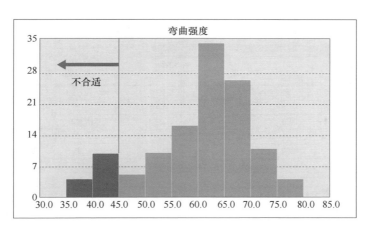

图 6-1　弯曲强度的直方图（$n = 120$）

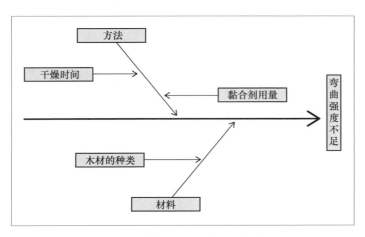

图 6-2　特性要因图提取要因

 要点　调查层别和相关关系的话，就会发现主要原因。

表 6-1 主要原因相关数据表

产品编号	黏合剂用量	干燥时间	木材种类	弯曲强度	产品编号	黏合剂用量	干燥时间	木材种类	弯曲强度
1	47	81	A	63	41	11	69	B	35
2	44	83	A	63	42	13	76	B	38
3	49	81	A	67	43	12	67	B	40
4	48	78	A	70	44	16	79	B	43
5	49	84	A	64	45	18	87	B	42
6	54	91	A	73	46	46	78	B	60
7	45	79	A	61	47	46	79	B	64
8	44	79	A	61	48	52	72	B	68
9	43	76	A	60	49	49	83	B	63
10	50	75	A	68	50	47	71	B	64
11	43	82	A	60	51	48	89	B	65
12	46	80	A	63	52	47	79	B	63
13	45	80	A	59	53	52	69	B	70
14	50	90	A	68	54	53	82	B	74
15	42	77	A	62	55	42	85	B	56
16	55	81	A	74	56	48	79	B	68
17	45	85	A	59	57	57	81	B	74
18	42	75	A	59	58	38	73	B	57
19	50	84	A	71	59	50	83	B	68
20	45	69	A	69	60	50	81	B	66
21	42	80	A	60	61	54	75	B	70
22	45	69	A	61	62	47	76	B	60
23	50	73	A	68	63	49	85	B	63
24	42	79	A	63	64	40	82	B	50
25	43	84	A	61	65	51	73	B	63
26	42	79	A	60	66	53	73	B	67
27	51	79	A	64	67	57	83	B	72
28	51	81	A	71	68	52	79	B	62
29	36	73	A	70	69	45	86	B	55
30	50	85	A	67	70	26	79	B	35
31	50	85	A	68	71	37	80	B	57
32	43	79	A	61	72	45	77	B	56
33	46	84	A	60	73	48	86	B	60
34	49	78	A	66	74	45	79	B	61
35	48	71	A	65	75	46	82	B	55
36	46	81	A	66	76	42	84	B	48
37	46	88	A	62	77	60	71	B	69
38	42	74	A	59	78	48	81	B	63
39	40	84	A	61	79	48	83	B	59
40	42	78	A	57	80	46	85	B	62

产品编号	黏合剂用量	干燥时间	木材种类	弯曲强度	产品编号	黏合剂用量	干燥时间	木材种类	弯曲强度
81	29	77	C	40	101	51	75	C	60
82	51	83	C	57	102	44	72	C	57
83	38	73	C	43	103	32	75	C	43
84	41	77	C	51	104	66	84	C	78
85	52	76	C	69	105	39	82	C	49
86	54	81	C	67	106	40	75	C	52
87	44	74	C	51	107	31	73	C	41
88	56	80	C	63	108	44	71	C	54
89	38	80	C	50	109	39	88	C	45
90	33	87	C	41	110	39	84	C	46
91	39	83	C	48	111	43	86	C	59
92	46	84	C	59	112	64	77	C	77
93	30	73	C	36	113	46	79	C	57
94	41	78	C	47	114	33	75	C	42
95	47	86	C	55	115	42	84	C	57
96	29	68	C	37	116	51	74	C	59
97	42	79	C	54	117	48	71	C	62
98	39	75	C	54	118	50	79	C	61
99	39	83	C	50	119	43	90	C	54
100	33	87	C	40	120	48	88	C	63

■ 弯曲强度和木材种类的关系

首先，调查弯曲强度和木材种类的关系。

弯曲强度是可以用数值表示的数据，这样的数据被称为数量数据。表示木材种类的数据不能用数值表示，这样的数据被称为质量数据。调查弯曲强度和木材种类的关系，就是调查数量数据和质量数据的关系。

在这种情况下，把数量数据和质量数据分层，通过层层比较来分析其有无关系。图6-3是将弯曲强度根据木材种类画出的分层直方图，可对其进行仔细分析。

从分层直方图可以看出，木材A没有出现不合格产品，而B和C出现了不合格产品。关于B，虽然几乎都是合格品，但也有脱离整体的产品，这就是不合格产品。另一方面，C的目标不一致，偏差也很大，所以出现了不合格产品。

■ 弯曲强度和黏合剂用量的关系

接下来，调查了弯曲强度和黏合剂用量的关系。弯曲强度和黏合剂用量都是可以用数值表示的数据。因此，这里调查的是数量数据和数量数据的关系。这时可使用散布图，见图 6-4。

在绘制的散布图中，可以看到弯曲强度和黏合剂用量之间的正相关关系。即黏合剂用量增加的话，弯曲强度也会变大；当黏合剂用量减少时，弯曲强度就会变小。

另一方面，有的数据脱离整体。特别是散布图左下方的数据，弯曲强度达不到 45N/mm² 的为不合格产品。于是，就制作了如图 6-5 所示的弯曲强度和黏合剂用量散布图。从分层散布图中，可以推测木材 B（○）的不合格产品的原因是黏合剂用量不足。

另外，木材 C（×）的黏合剂用量比其他木材偏差大，可以推测木材 C 的不合格产品原因是存在黏合剂用量偏差问题。

■ 弯曲强度和干燥时间的关系

最后，调查了弯曲强度和干燥时间的关系。

干燥时间是可以用数值表示的数量数据。也就是说调查弯曲强度与干燥时间的关系，就是调查数量数据和数量数据之间的关系。于是，和分析弯曲强度和黏合剂用量关系时一样，应该使用散布图。制作了如图 6-6 所示的弯曲强度和干燥时间散布图，并对其进行仔细研究。

从图中看不出干燥时间和弯曲强度之间有什么关系，可以说干燥时间并不是弯曲强度不足的原因，为慎重起见，决定也根据木材种类来分层（图 6-7）。

结果证实，无论哪种木材，干燥时间和弯曲强度都没有关系。

据上，弯曲强度不足的原因有：

① 木材 B 的黏合剂用量突然变少。

② 木材 C 的黏合剂用量偏差大。

应该重视上述问题，进一步分析为什么会出现这样的现象，针对上述①和②采取对策。

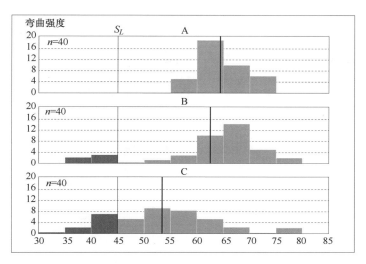

图 6-3 弯曲强度按木材种类分层直方图（$n = 120$）

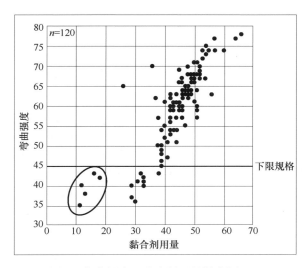

图 6-4 弯曲强度和黏合剂用量散布图（一）

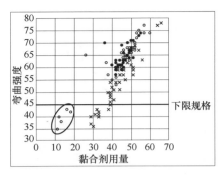

图 6-5　弯曲强度和黏合剂用量散布图（二）

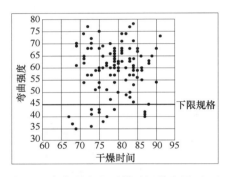

图 6-6　弯曲强度和干燥时间散布图（一）

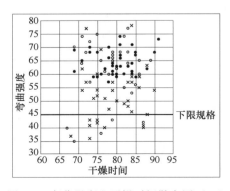

图 6-7　弯曲强度和干燥时间散布图（二）

【参考】分层散布图的另一个例子

上面的散布图是根据木材种类制成的，但是有很多重叠的地方，有时无法清楚地理解它们之间的关系。这个时候，可不用一张散布图表示，而是制作逐层散布图（图6-8）。

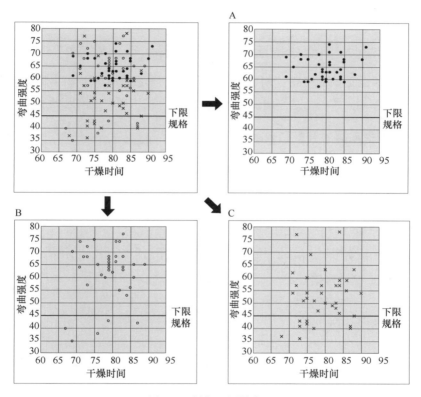

图6-8　制作逐层散布图

40 根据结果分层的实例

对产生的不良结果用相关数据进行系统分析

用特性要因图分析提取的四个要因之间的关系

在前面的例子中，问题的结果是用弯曲强度这一数值数据表示的。下面介绍的不是弯曲强度问题，而是解决出现裂纹问题的方法。

■ 把握问题的背景和现状

在前面的例子中，把问题替换为"裂纹不良"。裂纹不良的发生状况如图 6-9 所示。

■ 根据特性要因图提取要因（一部分摘录）

在特性要因图中，引起裂纹的主要原因有：
① 黏合剂用量。
② 干燥时间。
③ 木材种类。
④ 湿度。
提取的要因如图 6-10 所示。除湿度外，与弯曲强度的特性要因图相同。

■ 收集数据

表 6-2 的数据表是在表 6-1 的基础上添加了湿度数据，另外删除了弯曲强度数据，添加是否发生裂纹的数据作为结果数据。

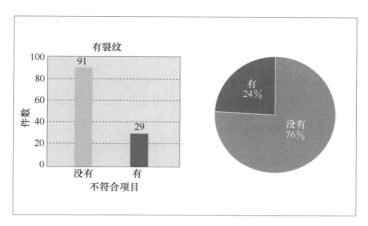

图 6-9　裂纹的发生状况（ $n = 120$ ）

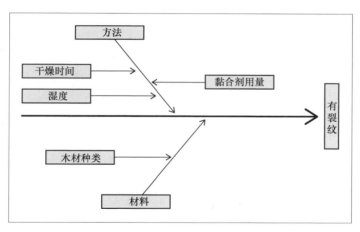

图 6-10　根据特性要因图提取要因（一部分摘录）

要点　通过对结果进行分层来锁定要因。

■ 裂纹和木材种类的关系

首先，决定分析裂纹的有无和木材种类的关系。裂纹的有无是无法用数值表现的数据，这样的数据称为定性数据。

另外，木材种类也是定性数据。为了分析定性数据之间的关系，制作了如图 6-11 所示的层别表。

因为这个层别表是 3 行 2 列（不加合计）的表，也被称为 3×2 层别表，层别表的信息一般用如图 6-12 所示的条形图表示。会发现木材 A 没有产生裂纹，木材 C 的裂纹有很多。在这种情况下，关注木材 A 和木材 C 的不同很重要。

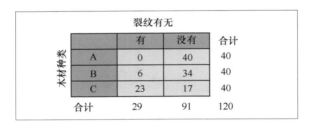

		裂纹有无		
		有	没有	合计
木材种类	A	0	40	40
	B	6	34	40
	C	23	17	40
	合计	29	91	120

图 6-11　裂纹有无和木材种类的层别表

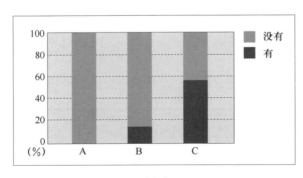

图 6-12　裂纹率（n=40）

表 6-2　裂纹和湿度的数据表

产品编号	黏合剂用量	干燥时间	湿度	木材种类	裂纹	产品编号	黏合剂用量	干燥时间	湿度	木材种类	裂纹
1	47	81	50	A	没有	41	11	69	27	B	有
2	44	83	43	A	没有	42	13	76	39	B	有
3	49	81	53	A	没有	43	12	67	30	B	有
4	48	78	50	A	没有	44	16	79	39	B	有
5	49	84	56	A	没有	45	18	87	46	B	有
6	54	91	49	A	没有	46	46	78	50	B	没有
7	45	79	49	A	没有	47	46	79	44	B	没有
8	44	79	47	A	没有	48	52	72	46	B	没有
9	43	76	45	A	没有	49	49	83	50	B	没有
10	50	75	43	A	没有	50	47	71	43	B	没有
11	43	82	47	A	没有	51	48	89	55	B	没有
12	46	80	47	A	没有	52	47	79	47	B	没有
13	45	80	47	A	没有	53	52	69	42	B	没有
14	50	90	56	A	没有	54	53	82	48	B	没有
15	42	77	44	A	没有	55	42	85	46	B	没有
16	55	81	47	A	没有	56	48	79	52	B	没有
17	45	85	51	A	没有	57	57	81	50	B	没有
18	42	75	41	A	没有	58	38	73	39	B	没有
19	50	84	48	A	没有	59	50	83	47	B	没有
20	45	69	39	A	没有	60	50	81	47	B	没有
21	42	80	41	A	没有	61	54	75	43	B	没有
22	45	69	39	A	没有	62	47	76	45	B	没有
23	50	73	38	A	没有	63	49	85	49	B	没有
24	42	79	46	A	没有	64	40	82	48	B	没有
25	43	84	48	A	没有	65	51	73	44	B	没有
26	42	79	47	A	没有	66	53	73	41	B	没有
27	51	79	47	A	没有	67	57	83	46	B	没有
28	51	81	49	A	没有	68	52	79	47	B	没有
29	36	73	44	A	没有	69	45	86	54	B	没有
30	50	85	51	A	没有	70	26	79	47	B	没有
31	50	85	49	A	没有	71	37	80	49	B	没有
32	43	79	51	A	没有	72	45	77	41	B	没有
33	46	84	53	A	没有	73	48	86	50	B	没有
34	49	78	40	A	没有	74	45	79	49	B	没有
35	48	71	48	A	没有	75	46	82	49	B	没有
36	46	81	47	A	没有	76	42	84	40	B	有
37	46	88	58	A	没有	77	60	71	39	B	没有
38	42	74	47	A	没有	78	48	81	42	B	没有
39	40	84	49	A	没有	79	48	83	51	B	没有
40	42	78	42	A	没有	80	46	85	52	B	没有

产品编号	黏合剂用量	干燥时间	湿度	木材种类	裂纹	产品编号	黏合剂用量	干燥时间	湿度	木材种类	裂纹
81	29	77	38	C	有	101	51	75	47	C	没有
82	51	83	42	C	没有	102	44	72	41	C	没有
83	38	73	40	C	有	103	32	75	39	C	有
84	41	77	40	C	有	104	66	84	50	C	没有
85	52	76	48	C	没有	105	39	82	42	C	有
86	54	81	48	C	没有	106	40	75	36	C	有
87	44	74	36	C	有	107	31	73	31	C	有
88	56	80	43	C	没有	108	44	71	34	C	有
89	38	80	39	C	有	109	39	88	48	C	有
90	33	87	46	C	有	110	39	84	38	C	有
91	39	83	45	C	有	111	43	86	51	C	没有
92	46	84	50	C	没有	112	64	72	45	C	没有
93	30	73	35	C	有	113	46	79	47	C	没有
94	41	78	44	C	有	114	33	75	36	C	有
95	47	86	43	C	没有	115	42	84	47	C	没有
96	29	68	36	C	有	116	51	74	43	C	没有
97	42	79	42	C	有	117	48	71	39	C	没有
98	39	75	42	C	有	118	50	79	48	C	没有
99	39	83	41	C	有	119	43	90	49	C	有
100	33	87	45	C	有	120	48	88	55	C	没有

■ 裂纹和黏合剂用量的关系

接下来，决定分析裂纹和黏合剂用量之间的关系。

裂纹是定性数据，黏合剂用量是定量数据。在这种情况下，用定性数据对定量数据进行分层是数据分析的基本方法。根据结果（裂纹的有无）来分析分层原因（黏合剂用量）如图 6-13 所示。

关于黏合剂用量，可以发现没有裂纹的产品多、有裂纹的产品少这样的特征。另外，如果黏合剂用量超过 45.4，不会出现裂纹。

■ 裂纹和干燥时间的关系

然后分析裂纹和干燥时间的关系（图 6-14）。可以发现，干燥时间对于没有裂纹的产品和有裂纹的产品来说，没有太大的差异。

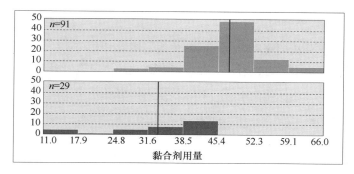

图 6-13 裂纹和黏合剂用量的关系

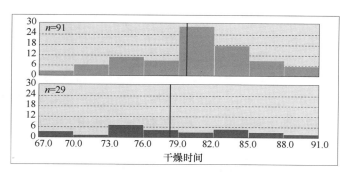

图 6-14 裂纹和干燥时间的关系

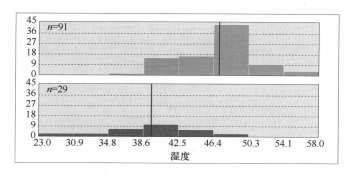

图 6-15 裂纹和湿度的关系

■ **裂纹和湿度的关系**

这次分析裂纹和湿度之间的关系（图6-15）。

关于湿度，可以看出，存在没有裂纹的产品占比较高，有裂纹产品占比较低的倾向。不过，裂纹有和无的湿度重叠范围也很大，无法明确地区分。

■ **基于分层散布图的分析**

当要因类的数据有两组定量数据时，根据结果（痕纹有无）分层的散布图也很有用，所以决定绘制分层散布图。

从图6-16中可以看出黏合剂用量和干燥时间之间没有关系。和通过分层直方图得到的信息一样，可以发现有裂纹的产品黏合剂用量少。

从裂纹来看，黏合剂用量和湿度之间有弱的正相关关系。湿度越低，越容易产生裂纹（图6-17）。

从图6-18可以看出，湿度和干燥时间呈正相关。另外，当湿度高的时候，应延长干燥时间。从这个散布图可以看出，湿度和干燥时间与不良的裂纹没有太大的关系。

以上就是从结果中寻找原因的要因分析方法的例子。从目前的分析结果来看，应注意木材A与木材C的差异，以及根据湿度调整干燥时间的方法。通过进一步分析原因，寻找对策的方向，就能找到问题的解决方法。

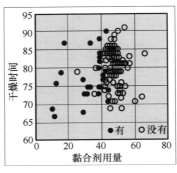

图6-16 黏合剂用量和干燥时间的散布图

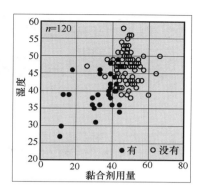

图 6-17　黏合剂用量和湿度的散布图

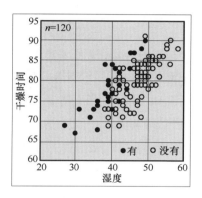

图 6-18　湿度和干燥时间的散布图

41

关注变化的解析原因实例

如果不知道原因，那就关注差异

对按时间顺序排列的数据，可使用折线图和管理图

折线图和管理图是观察数据如何随时间变化的。在这里，介绍一个分析变化原因的例子。

■ 把握问题的背景和现状

某生产食品包装材料的 K 公司，在管理生产的过程中把"产品的质量"作为重要的管理项目，根据管理图进行管理。以最近 50 天的产品质量测量数据为基础制作了如图 6-19 所示的 $\bar{X}$-R 管理图。以 1 天为 1 组，1 天测定 4 个产品的质量。

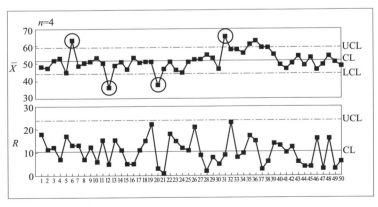

图 6-19　产品质量的 $\bar{X}$-R 管理图

由管理图可以看出，X 管理图中有超过管理界限的异常日子，不能说工序处于稳定状态。

这个管理图的原始数据表见表6-3。

表6-3　原始数据表

组	X1	X2	X3	X4	Xbar	R	材料
1	58	44	40	51	48.3	18	A
2	49	47	42	53	47.8	11	A
3	58	55	46	48	51.8	12	B
4	51	49	56	56	53.0	7	B
5	57	40	42	40	44.8	17	A
6	58	65	57	70	62.5	13	B
7	51	44	43	56	48.5	13	A
8	48	47	51	54	50.0	7	A
9	49	45	53	57	51.0	12	B
10	51	53	57	51	53.0	6	B
11	57	47	55	42	50.3	15	A
12	39	38	36	34	36.8	5	A
13	54	49	53	39	48.8	15	A
14	53	56	45	47	50.3	11	A
15	45	47	45	50	46.8	5	A
16	55	50	55	53	53.3	5	B
17	51	47	57	46	50.3	11	A
18	60	51	47	45	50.8	15	B
19	56	52	37	59	51.0	22	B
20	40	38	37	39	38.5	3	A
21	47	46	46	47	46.5	1	A
22	43	61	48	51	50.8	18	B
23	37	52	48	48	46.3	15	A
24	46	44	39	51	45.0	12	A
25	50	46	57	50	50.8	11	B
26	64	51	50	43	52.0	21	B
27	48	54	57	51	52.5	9	B
28	56	54	54	55	54.8	2	B
29	53	57	49	53	53.0	8	B
30	48	44	46	49	46.8	5	A
31	63	67	60	69	64.8	9	B
32	54	46	63	69	58.0	23	B
33	55	58	58	63	58.5	8	B
34	60	50	58	57	56.3	10	B
35	63	57	68	51	59.8	17	B
36	68	68	59	53	62.0	15	B

组	X1	X2	X3	X4	Xbar	R	材料
37	60	61	59	58	59.5	3	B
38	61	58	63	57	59.8	6	B
39	57	48	62	52	54.8	14	B
40	47	55	53	42	49.3	13	A
41	44	48	43	53	47.0	10	A
42	43	52	55	50	50.0	12	A
43	57	53	55	51	54.0	6	B
44	48	47	51	49	48.8	4	A
45	55	51	51	55	53.0	4	B
46	52	48	50	36	46.5	16	A
47	49	51	49	48	49.3	3	A
48	46	54	54	62	54.0	16	B
49	49	52	49	52	50.5	3	A
50	45	49	51	49	48.5	6	A

■ **分层管理图**

在这道工序中，如数据表所列，使用的是 A 公司和 B 公司生产的材料，每天都在变更。于是，制作了用材料分层的管理图（图 6-20）。

由这张管理图可以看出，用 A 公司材料生产的产品质量较小，用 B 公司材料生产的产品质量较大。由最初的管理图可以看出，低于下管理界限的异常是用 A 公司材料生产的，超过上管理界限的异常是用 B 公司材料生产的。

■ **关注差异**

将用 A 公司材料生产的产品与用 B 公司材料生产的产品进行比较，找出差异在哪里。在这个过程中，预设了材料厚度可能有差异。

因此，根据厚度数据绘制分层直方图，见图 6-21，结果发现，用 A 公司材料生产的产品厚度更薄，用 B 公司材料生产的产品厚度更厚。

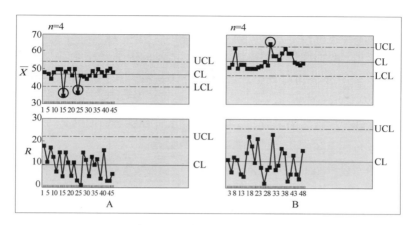

图 6-20　用材料分层的管理图

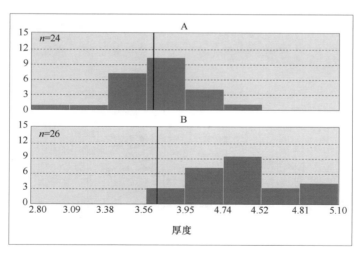

图 6-21　用厚度分层的直方图

■ 关系的确认

以上结果表明，质量不稳定的原因很可能是材料厚度的偏差造成的。于是，我们用散布图确认了厚度与质量的关系（图 6-22）。同时，还展示了用 A 公司材料生产和用 B 公司材料生产产品的分层散布图（图 6-23）。

由这个分析结果来看，工序没有处于管理状态的原因是 A 公司生产的材料和 B 公司生产的材料的厚度有偏差。

因为材料是采购品，所以在拜托 A 公司和 B 公司彻底贯彻设计值的同时，决定对验收标准进行修改。

【要点建议】 找出差异和原因

在分析原因的时候，找到差异是很重要的。如果一开始就想要找原因，就会在头脑中思考，不以事实为依据，很有可能会忽略真正的原因。

另外，在分析原因的过程中，最先使用的是特性要因图，这时，如果头脑中想不出主要要因，就无法绘制出特性要因图。在想不出可能的原因时，应思考"差异在哪里"，这是分析原因时的基本态度。

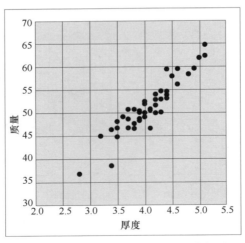

图 6-22　表示厚度和质量关系的散布图

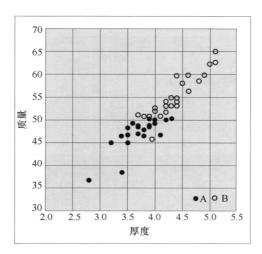

图 6-23　A 公司、B 公司材料生产产品的分层散布图

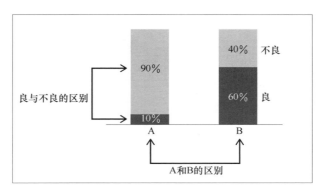

图 6-24　分析原因的基础是分析差异

要点▶ 原因分析，就是通过关注差异，找到真正的原因。

QC 检定 4 级

【4 级认定的知识与能力水平】

在组织中工作的时候，能够理解包括质量管理基础在内的企业活动的基本常识，能够达到理解企业进行改善活动的知识水平。

【4 级考试范围】

质量管理的实践	质量管理的方法
质量管理	**基于事实的判断**
• 质量及其重要性 • 质量优先的思考方式（进入市场输出产品） • 什么是质量管理 • 以顾客满意为目标的质量 • 问题和课题 • 抱怨、投诉	• 基础数据（包括总体、抽样、样本） • 博彩 • 数据的种类（计量值、计数值） • 数据的收集方法、汇总方法 • 平均和偏差的概念 • 平均值和范围
管理	**数据的应用和分析**
• 管理活动（维持和改善） • 工作的推进方法 • PDCA、SDCA • 管理项目	• QC 七大工具（种类、名称、使用目的、应用要点） • 异常值
改善	**企业的基本活动**
• 改善（持续改善） • QC 改善活动（解决问题型 QC 改善活动） • 三大损失（浪费、超负荷、不均衡） • 小组改善活动（包括 QC 循环） • 所谓重点指向	• 产品和服务 • 职场的综合素质（QCD+PSME） • 报告、联络、商谈 • 5W1H • 三现主义 • 五元主义 • 企业生活的礼仪 • 5S • 安全卫生（查找隐患、KY 活动、海因里希法则） • 规则和标准（包括就业规则）
工序（工艺）	
• 前工序和后工序 • 工序的 5M • 异常（异常原因、偶然原因）	
检查	
• 检查（与测量的不同） • 合格（品） • 不合格（品）（含不良、故障） • 批次的合格和不合格 • 检查的种类	
标准、标准化	
• 标准化概念 • 与业务相关的标准、与物品相关的标准（规格） • 各种标准	

第 7 章

解决问题的方法

课题型 QC 改善活动

通过六西格玛活动改善质量

42

课题型 QC 改善活动

探索过去没有过的高目标和对策方案

PDCA 循环中的 P

除了讲解 QC 改善思路，也介绍很多企业使用的解决问题的步骤。

■ 解决问题的改善步骤

提出在过去的活动中没有达成过的高水平目标为主题，以探索对策方案为活动中心，确定改善步骤，称为"课题达成型 QC 改善活动"，简称为课题型改善活动。

课题达成型 QC 改善活动适用于具有以下性质的主题。

① 大幅度提高现状的水平。

② 创造有魅力的质量。

③ 解决第一次接的工作课题。

④ 解决重复较少的工作问题。

⑤ 解决与研究开发相关的问题。

⑥ 解决原因已知、对策方案未知的问题。

与课题达成型 QC 改善活动相比，之前所讲的 QC 改善活动可以称为"问题解决型 QC 改善活动"。

把重点放在寻找对策上的问题称为目标导向型问题。为了解决这类问题，需要从目标出发寻找方法，这种方法称为设计式方法。

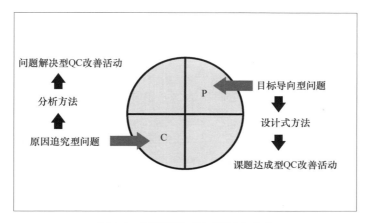

图 7-1　问题解决型与课题达成型

　　把重点放在原因追究上的问题称为原因追究型问题。为了解决这类问题，需要从结果出发寻找原因，这种方法称为解析式方法。因此，我们可以将课题达成型 QC 改善活动定位为解决目标导向型问题的设计式方法的步骤化。另外，迄今为止的问题解决型 QC 改善活动，可以说是为了解决原因追究型问题而将解析式方法步骤化。

　　如果按照 PDCA 循环来定位的话，适合 P（计划）阶段主题的是课题达成型 QC 改善活动，适合 C（确认）阶段主题的是问题解决型 QC 改善活动（图 7-1）。

■ 课题型 QC 改善活动的推进方法

　　首先确定要做的主题。确认主题是否符合经营课题或质量方针。

　　主题确定后，明确与主题相关的现状和课题，设定目标。目标包括：

- 做什么（目标项目）。
- 达到什么程度（目标值）。
- 截止日期（达成日期）。

以上这三个要素必须明确。

接下来，为完成课题制定方案。这里要求的是制定方案的创造力。

制定好方案后，就要预测在实施方案的过程中可能会遇到什么样的障碍。此外，还要考虑针对预测的障碍的对策。即使发生了不测的事态，也要事先做好计划，以便通过采取措施解决问题。这些工作是在策划成功脚本。

一旦确定了成功脚本，就要付诸实施。为了不出现进度延迟，应进行日程管理。

实施的结果一定要确认，判断是否有效果。没有效果的时候或者没有按照预定进行的时候，就需要修改脚本。

一旦完成了课题，就将之前成功的方案标准化。最后，整理剩下的课题和可以拓展到其他课题的内容。

对于课题型 QC 改善活动中的方案和成功脚本的确立，新 QC 七大工具的系统图和 PDPC 是有效的方法。

> **要点** 根据所讨论的主题，是解决问题型还是课题型的不同，处理方法也不同。

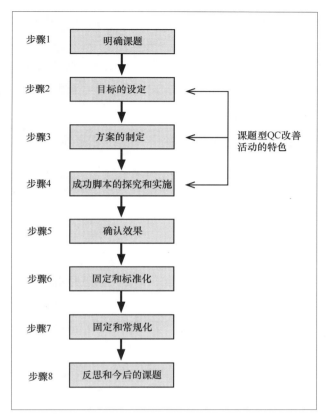

图 7-2 课题型 QC 改善活动的步骤

43 通过六西格玛活动改善质量

我们的目标是故障发生率低于百万分之三

用 DMAIC 的 5 个步骤推进

■ 六西格玛活动

六西格玛活动是诞生于美国的活动体系,通过减少工作过程中产生的偏差来改善质量。

六西格玛中的西格玛(σ)是表示偏差大小的指标,即标准差。因此,六西格玛就是标准差的 6 倍。6 倍的意思是指,几乎不会发生偏离平均值 6 倍标准差以上的数据,工作中出现故障的概率也就在这个程度上。提出这样的数值目标,开展质量改善活动,就是六西格玛活动。具体来说,改善活动是以将故障发生率降低到百万分之三以下为目标的。

六西格玛活动的对象不仅包括产品质量,还包括工作质量。因此,订单的订货错误率、文件的描述错误等也是改善对象。例如,如果有 100 万张订单,应该开展改善活动,将其中的订单错误控制在 3 张以下。质量不局限于产品的质量,这一点和 TQM 活动是一样的。六西格玛活动中使用的方法与 TQM 活动相同,推荐使用 QC 七大工具和统计方法。

与 TQM 活动最大的不同点在于,六西格玛活动的推进方式是"与日常组织分开,另外组成改善组织,以项目方式开展解决问题的活动"。

顺便说一下，假设数量数据呈正态分布，距离平均值 6σ 的数据的发生概率几乎为 0，百万分之三对应的不是 6σ，而是 4.5σ。

■ 六西格玛活动的改善过程

在六西格玛活动中，提出了由 5 个步骤组成的解决问题的 DMAIC 方法（图 7-3）。

> ● 笔记 ●
>
> 有一种解决问题的方法叫做 KT（Kepner Tregoe）法。其中包括被称为 IS/ISNOT 的分析方法，是分析要因时非常有效的方法。例如，假设你想找出不合格品的原因，这个时候，就要找出不合格品（IS）和合格品（ISNOT）的不同点，进而找出产生不合格品的原因。

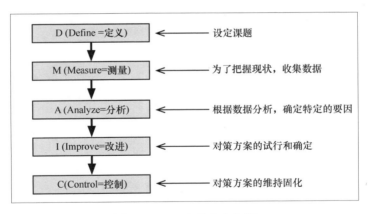

图 7-3　DMAIC 的 5 个步骤

> **要点**　与 TQM 活动的区别在于："为了改善而组成组织，以项目的方式推进"。

QC 检定 3 级

【3 级认定知识与能力水平】

　　关于 QC 的七大工具，基本上理解其制作方法和使用方法。如果接受改善推进方法的支持和指导，就可以通过 QC 问题解决方法来解决工作中发生的问题。关于质量管理的实践，掌握了相关知识，达到了理解的水平。另外，对于基本的管理和改善活动达到了必要时可以一边接受指导一边实施的水平。

【3 级考试范围】

质量管理的实践
对 QC 的看法和想法
质量概念
管理方法
<ul><li>维护和管理</li><li>PDCA、SDCA、PDCAS</li><li>持续改善问题和课题</li><li>问题解决型 QC 改善活动</li><li>课题达成型 QC 改善活动</li></ul>
质量保证：新产品开发、流程保证
质量经营要素：方针管理、日常管理、标准化、小组活动、人才培养、质量、管理体系

质量管理的方法
数据的获取方式和分析方法
<ul><li>数据的种类</li><li>数据的转换</li><li>总体和样本</li><li>抽样和误差</li><li>基本统计量和图表</li></ul>
QC 七大工具
<ul><li>帕累托图</li><li>特性要因图</li><li>检查表</li><li>直方图</li><li>散布图</li><li>图形图（作为管理图的其他项目记录）</li><li>分级</li></ul>
新 QC 七大工具
<ul><li>亲和图法</li><li>关联图法</li><li>系统图法</li><li>矩阵图法</li><li>箭形图法</li><li>PDPC 法</li><li>矩阵数据分析法</li></ul>
统计方法的基础
<ul><li>正态分布（包括概率计算）</li><li>二项分布（包括概率计算）</li></ul>
管理图
<ul><li>对管理图的思路、使用方法</li><li>$\bar{X}$-R 管理图</li><li>p 管理图</li><li>np 管理图</li></ul>
工程能力指数
<ul><li>工程能力指数的计算和评价方法</li></ul>
相关分析
<ul><li>相关系数</li></ul>

第 8 章

QC 七大工具的
错误制作方法、使用方法

直方图的错误制作方法、使用方法

其他工具的错误制作方法、使用方法

44 直方图的错误制作方法、使用方法

介绍直方图的误用实例

如果不遵守规则，就会出现错误的分析结果

■ 直方图柱子数量过多

直方图中柱子数量过多的话，无法得到正确分布形状的图。图 8-1 是表示正态分布的数据，但也很可能会被误认为是完全不同的分布。为了显示正确的分布形状，如图 8-2 所示，用合适的柱子数量来画图。

■ 直方图中柱子的宽度不同

绘制直方图时，柱子的宽度一定要相同，图 8-3 所示就是宽度不同的情况。宽度一旦不同，就不能得到正确的分布形状。因为直方图是看数据偏差的工具，所以请一定要统一柱子的宽度。

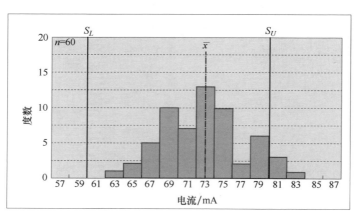

图 8-1　柱数过多的直方图

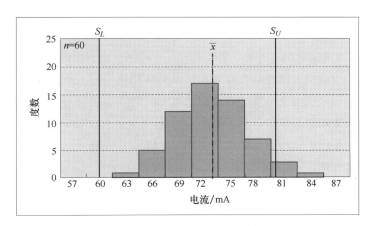

图 8-2　柱数适当的直方图

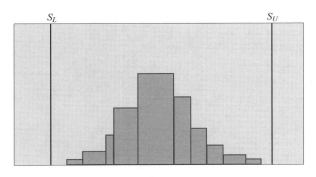

图 8-3　柱宽不同的直方图

■ 分层直方图中的边界值未对齐

图 8-4 所示的 1 号机、2 号机的直方图原本的平均值、偏差幅度都不同，但是由于横坐标没有对正，纵坐标比例不同，所以形成了相似的分布形状。如果不将想要比较的直方图之间的横轴对齐，则无法正确比较平均值的位置、偏差幅度。

为了便于比较画法的好坏，图 8-5 所示为横轴对齐且纵轴一致绘制的直方图。

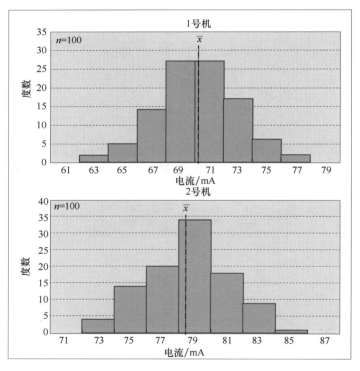

图 8-4　横轴未对齐的直方图

图表解质量管理 QC 改善活动与 QC 七大工具应用

通过横轴对齐，可以确认平均值有很大偏差。通过纵轴保持一致，确认 2 号机的分布比较尖。另外，因为柱子的宽度也一致，可看出数据的偏差情况是 1 号机稍微大一些。

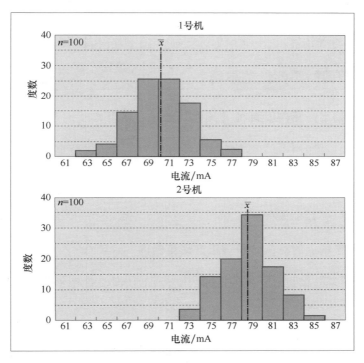

图 8-5　横轴对齐的直方图

要点　绘制直方图时，请注意柱子的数量、宽度、边界值。

其他工具的错误制作方法、使用方法

绘制图时不能做的事情

■ 在帕累托图中没有将"其他"放在右端。

　　帕累托图中的"其他"就是为了将列举的各数量非常小的项目集中为一个，如图 8-6 所示。如果不在右端显示，而是包含在产品中，则不能确认第 3 号产品 D 的累计比率。按照层数多少的顺序排列时，"其他"一定要放在最右边。

■ 散布图上的点未分布在正方形范围内

　　如果散布图的打点范围不是正方形的，即使看起来有关联，也不具有相关关系。

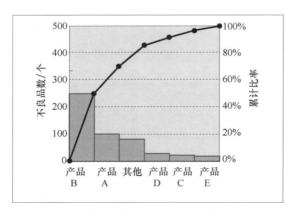

图 8-6　没有把"其他"放置在右端的帕累托图

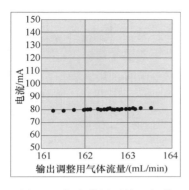

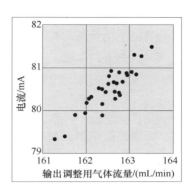

图 8-7　打点范围不是正方形　　　图 8-8　打点范围是正方形的散布图
　　　　的散布图

　　图 8-7 的打点呈横向直线，所以看起来没有相关性，但事实上和图 8-8 的数据是一样的。根据散布图的制作方法不同，结果会有很大的不同。

■ 散布图没有以原因为横轴

　　当两种数据间存在因果关系时，制作散布图的原则是将原因作为横轴。例如，想要观察电流和加热器温度的关系时，加热器的温度会随着电流的变化而变化，电流是原因，加热器的温度是结果。因此，原则上应以电流为横轴，加热器温度为纵轴。

> **要点**　制作帕累托图、散布图、管理图时，都有不能做的事情。

如图 8-9 所示，把加热器温度设为横轴、电流设为纵轴的话，随着加热器温度的升高，看起来就像电流在变化。

另外，像人的体重、身高两者都可以作为结果数据时，哪一个都可以当作纵轴。但是，当想用体重来预测身高时，要以想预测的事物为纵轴。

■ 在 $\overline{X}$ 管理图中加入规格线

不能在 $\overline{X}$ 管理图中加入规格线。

在图 8-10 的管理图中，原始数据用 X 表示。由图可知，即使 $\overline{X}$ 管理图处于稳定状态，也无法判断是否符合规格。

■ 分层管理图中的刻度不一致

图 8-11 的管理图中，平均值和范围 R 都不同，由于没有一致的刻度，所以无法比较左右的数值，很难发现差异。

请统一分层管理图的刻度。

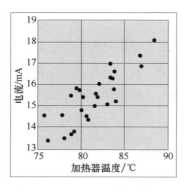

图 8-9　以原因为纵轴的散布图

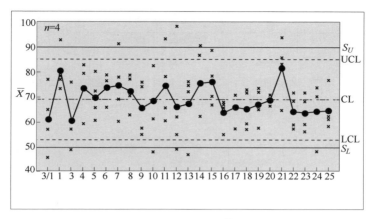

图 8-10　加入规格线的 $\overline{X}$ 管理图

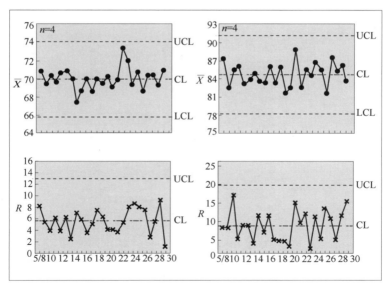

图 8-11　刻度不一致的分层管理图

QC 改善活动与 QC 七大工具的对应

解决问题时，必须选择符合目的的分析方法。下面整理了在 QC 改善活动各阶段对应的 QC 七大工具的应用推荐度。

		QC改善活动步骤					
		选定主题	把握现状	解析原因	制定对策	确认效果	标准化、固化
QC七大工具	帕累托图	◎	○			○	
	检查表		◎				○
	图形图	○	○	○	○		○
	直方图		◎	○		◎	
	散布图		○	◎			
	管理图		○			◎	◎
	特性要因图			◎			
	分层		◎	◎		◎	

◎非常推荐 ○ 推荐

使用 Excel 制作 QC 七大工具

帕累托图

直方图

散布图

使用 Excel 制作 QC 七大工具

灵活运用 Excel 制作 QC 七大工具的方法

以 QC 七大工具中的帕累托图、直方图、散布图为例，介绍使用 Excel 的制作方法。Excel 是适合制作表格和图形图的表格计算软件，但不是为了 QC 而开发的软件。因此，如果要制作包含本书在内的 QC 相关书籍中介绍的"正式"形状的帕累托图和直方图，将会是相当麻烦的工作。但是另一方面，即使是形状相似的简易图表，只要能够读取信息就足够了，这样想的话，就能很容易地制作出这些图表。本附录将对一些简单的方法进行说明。

1 帕累托图

■ 数据

索赔	件数
破碎	90
裂纹	30
折断	120
弯曲	20
其他	40

■ 制作步骤

<步骤 1> 输入数据

从单元格 A1 向单元格 B6 输入数据如下。

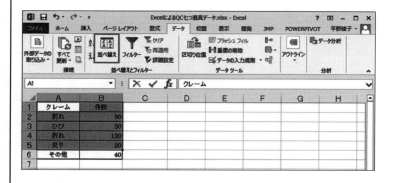

<步骤 2> 数据排序

选定单元格 A1 到单元格 B5 的范围，选择"数据（データ）"→"排序（並べ替え）"。因为想最后排列其他（その他）的，所以请不要在这里选择。

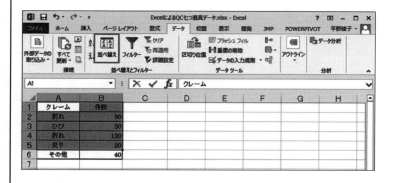

选择后会显示排序对话框，请选择"设置"。

"首选键（優先されるキー）"→"件数"

"顺序（順序）"→"降序"

之后单击"OK"键。

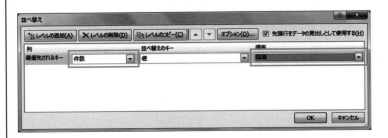

单击"OK"键后，数据按件数的降序排序。

	A	B	C	D	E	F	G	H
1	クレーム	件数						
2	折れ	120						
3	割れ	90						
4	ひび	30						
5	戻り	20						
6	その他	40						
7								

<步骤 3> 合计计算

在单元格 B7 中计算件数的合计。

B7 = SUM（B2；B6）

	A	B	C	D	E	F	G	H
1	クレーム	件数						
2	折れ	120						
3	割れ	90						
4	ひび	30						
5	戻り	20						
6	その他	40						
7	合計	300						
8								

<步骤 4> 计算累计比率

从单元格 C2 至 C6，计算索赔的累计比率。

C2 = SUM(B2 : B2)/B7

选择"开始（ホーム）"→"百分比样式（%）(パーセントスタイル（%）"，累计比率以%来表示。

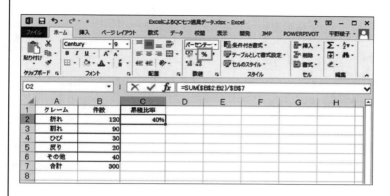

从单元格 C2、C3 到单元格 C6 粘贴数据。

＜步骤 5＞ 插入图形

选择单元格 A1 至单元格 C6，单击"插入（挿入）"→"插入柱形图（縦棒グラフの挿入）"→选择"簇状柱形图（集合縦棒）"。

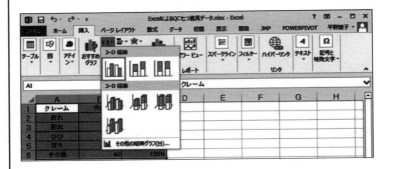

＜步骤 6＞ 修改图形类型（将累计比率修改为折线）

单击任意数量的柱形（蓝色），单击键盘的"↑"键，就可以选择累计比率（红色）的柱形。

单击"设计（デザイン）"→"类型（種類）"→选择"更改图形类型（グラフ種類の変更）"。

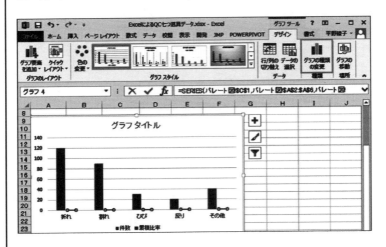

※单击图形显示设计菜单。

显示图形类型修改对话框，设置为
"件数"→"簇状柱形图（集合縱棒）"
"累计比率"→"带数据标记的折线图"
勾选"累计比率"的第 2 轴。

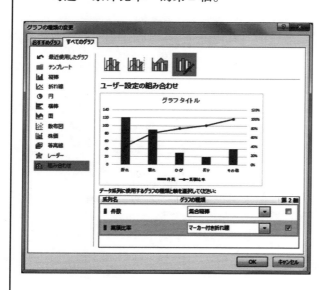

单击"OK"，就可以做出下图这样的图形。

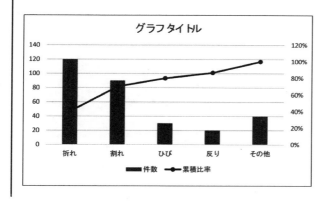

<步骤 7> 设置纵轴

设置纵轴时，首先设置与柱形相对应的左纵轴，双击左纵轴的任意刻度。设置为

  "最小值"→"0"

  "最大值"→"300"

随后单击右上角的"×"完成设置。

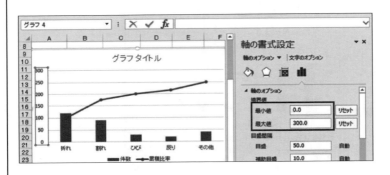

然后，设置与折线对应的右纵轴。

双击右纵轴的任意刻度。设置为

  "最小值"→"0"

  "最大值"→"1"

随后单击右上角的"×"完成设置。

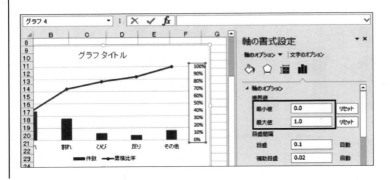

<步骤 8> 修改页面布局

最后，修改页面布局。首先，取消柱形之间的距离。双击任意数量的柱形（蓝色），设置为

　　　　"系列重叠（系列の重なり）"→"0%"

　　　　"间隙宽度（要素の間隔）"→"0%"

　　单击"填充和线条（塗りつぶしと線）"。

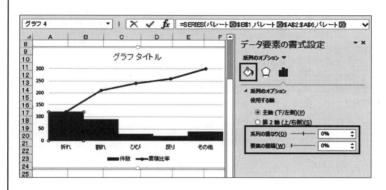

选择"实线（線（単色））"，选择任意颜色。

随后单击右上角的"×"完成设置。

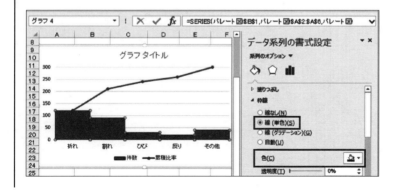

选择任意刻度线，单击"Delete"键隐藏线。

将"索赔件数的帕累托图"填入图形标题，就可以做出如下图形。

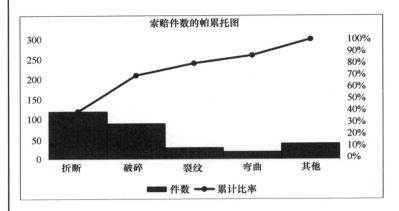

2 直方图

■ 数据

48	71	66	68	57
70	40	64	62	35
48	64	66	65	69
49	61	70	52	78
36	84	53	63	70
54	52	54	49	62
63	63	59	67	59
81	68	65	67	71
66	65	46	40	41
46	47	57	63	78
54	58	56	61	61
58	60	73	50	55
46	49	57	50	62
49	55	59	73	70
61	57	67	61	65
55	51	60	68	68
52	80	60	56	71
64	58	59	56	61
73	52	69	60	60
58	74	53	53	58

$n = 100$

■ 制作步骤

<步骤 1> 输入数据

在 A 列输入数据。

<步骤 2> 计算统计量

1) 输入测量单位   D1 = 0.1

2) 合计数据量   D2 = COUNT(A:A)

3) 计算最小值   D3 = MIN(A:A)

4) 计算最大值   D4 = MAX(A:A)

5) 计算范围（最大值-最小值）   D5 = D4-D3

6) 计算临时区间数（数据量的平方根）D6 = ROUND(SQRT(D2),0)

7) 区间宽度的计算（范围/区间数） D7 = D5/D6

区间宽度必须是测量单位的整数倍。   D8 = 5

	A	B	C	D	E	F	G
1	48		測定単位	0.1			
2	70		データ数	100			
3	48		最小値	35			
4	49		最大値	84			
5	36		範囲	49			
6	54		仮の区間の数	10			
7	63		区間の幅	4.9			
8	81		区間の幅(測定単位の整数倍)	5			
9	66						

<步骤 3> 制作度数分布表

计算各个区间的下边界值、上边界值、中心值、度数，制作度数分布表。

首先，计算第 1 区间的下边界值、上边界值、中心值。

1) 第 1 区间的下边界值（最小值-测量单位/2）

$$G2 = D3-D1/2$$

2) 第 1 区间的上边界值（下边界值+区间宽度）

$$H2 = G2+\$D\$8$$

3) 第 1 区间的中心值 ［（下边界值+上边界值）/2］

$$I2 = (G2+H2)/2$$

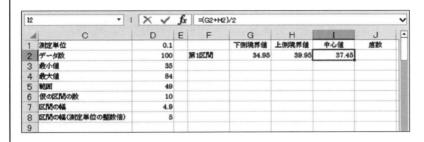

之后，计算第 2 区间的下边界值。

4）第 2 区间的下边界值（＝第 1 区间的上边界值）　　　　　G3＝H2

　　第 2 区间的下边界值（单元格 G3）、第 1 区间的上边界值（单元格 H2）、第 1 区间的中心值（单元格 I2）复制粘贴到含有最大值的区域。

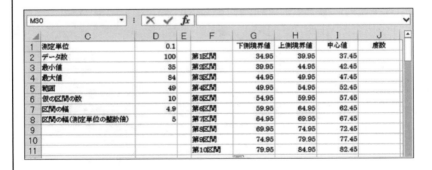

最后，计算度数。

5）计算第 1 区间的度数　J2 = FREQUENCY(A：A, H2)

6）计算第 2 区间的度数

$$J3 = FREQUENCY(A：A, H3) - FREQUENCY(A：A, H2)$$

将单元格 J3 或 J4 复制粘贴到 J11。

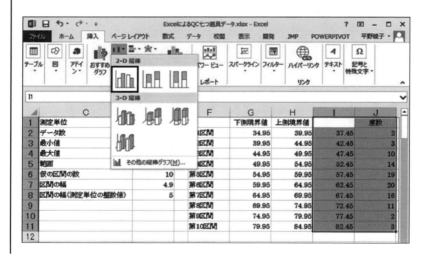

<步骤 4> 插入图形

用"Delete"键删除单元格 I1 的中心值。

选定从 I1 到 J11 的范围，单击"插入（插入）"→"插入柱形图
（縦棒グラフの挿入）"→选择"簇状柱形图（集合縦棒）"。

图表解质量管理 QC 改善活动与 QC 七大工具应用

<步骤 5> 修改页面布局

修改页面布局时，首先消除柱形之间的间隙。双击选定任意数量的柱形（蓝色）。设置为

　　"系列重叠（系列の重なり）"→"0%"

　　"间隙宽度（要素の間隔）"→"0%"

单击"填充和线条"。

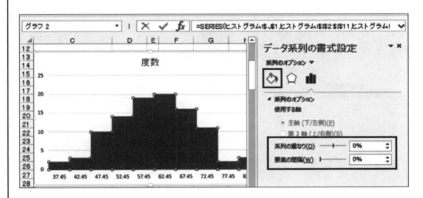

选择"实线（線（単色））"，选择任意颜色，随后单击右上角的"X"完成设置。

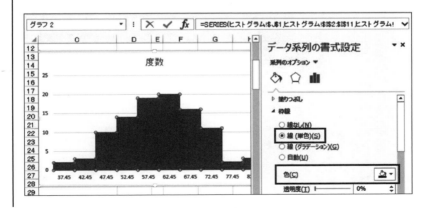

选择任意刻度线，单击"Delete"键隐藏刻度线。

将图形标题由"度数"改成"直方图（ヒストグラム）"，就可以完成下面的直方图。

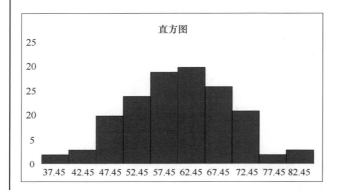

注：正式的直方图的柱形和刻度如下图所示。但是，Excel 的直方图的刻度在柱形宽度的中央。

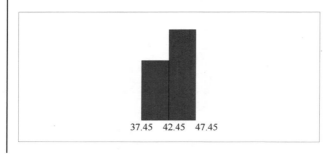

■ 使用分析工具的制作步骤

<步骤 1> 输入数据　※与制作步骤相同
<步骤 2> 计算统计量　※与制作步骤相同
<步骤 3> 计算边界值　※与制作步骤相同

计算各个区间的下边界值和上边界值。

	C	D	E	F	G	H	I	J
1	測定単位	0.1			下側境界値	上側境界値		
2	データ数	100		第1区間	34.95	39.95		
3	最小値	35		第2区間	39.95	44.95		
4	最大値	84		第3区間	44.95	49.95		
5	範囲	49		第4区間	49.95	54.95		
6	仮の区間の数	10		第5区間	54.95	59.95		
7	区間の幅	4.9		第6区間	59.95	64.95		
8	区間の幅(測定単位の整数倍)	5		第7区間	64.95	69.95		
9				第8区間	69.95	74.95		
10				第9区間	74.95	79.95		
11				第10区間	79.95	84.95		

<步骤 4> 使用分析工具

选择"数据（データ）"→"数据分析（データ分析）"。

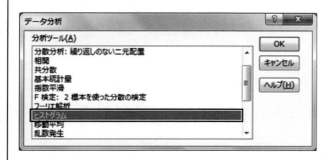

在弹出的数据分析对话框中，选择"直方图（ヒストグラム）"，随后单击"OK"键。

然后会看到直方图对话框。设定

"输入范围（入力範囲）"→"A1：A100"（数据范围）

"数据区间（データ区間）"→"H2：H11"（上边界值的范围）

勾选"制作图形（グラフ作成）"。

单击"OK"，插入新的 sheet，生成下面这样的直方图。

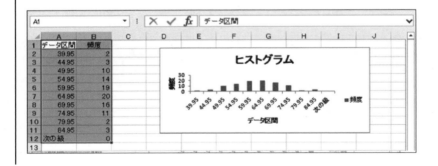

删除柱形之间的间隙。选择一个范例，单击"Delete"键，将其隐藏，就得到了下面的直方图。

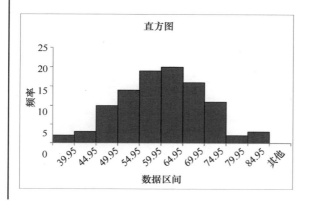

■ **数据**

产品编号	质量	强度
1	35	133
2	33	135
3	36	146
4	33	124
5	20	111
6	30	119
7	25	125
8	29	125
9	23	127
10	27	123
11	24	111
12	23	124
13	36	133
14	29	128
15	26	125
16	31	138
17	44	150
18	33	129
19	30	142
20	28	124

$n = 20$

<步骤 1> 输入数据

像下面这样，把数据输入到单元格 A1 至 C21。

<步骤 2> 插入图形

选定 B1 到 C21 的范围，选择"插入（挿入）"→"插入散布图（X,Y）或者气泡图（散布图（X,Y）またはバブルチャートの挿入）"→"散布图（散布図）"。

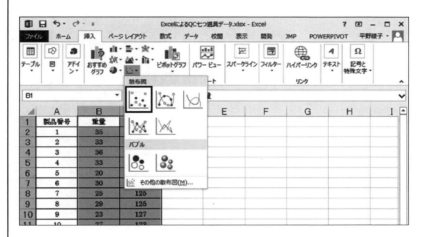

<步骤 3> 设置纵轴

设置轴，首先设置纵轴（强度轴），双击纵轴的任意刻度。

设置"最小值"→"100"

随后单击右上角的"×"完成设置。

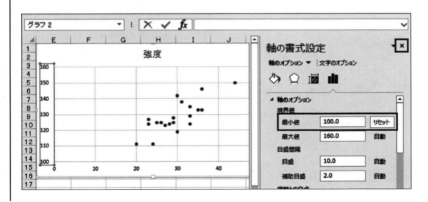

接下来，设置横轴（质量轴），双击右纵轴的任意刻度。

设置"最小值"→"15"

单击右上角的"×"完成设置。

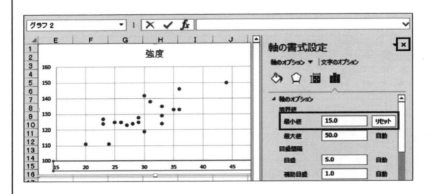

<步骤 4> 坐标轴标题的显示

在纵轴和横轴上显示标题。

单击纵轴或者横轴，选择"图形元素"→"坐标轴标题"。

输入纵轴标题为"强度"、横轴标题为"质量"。

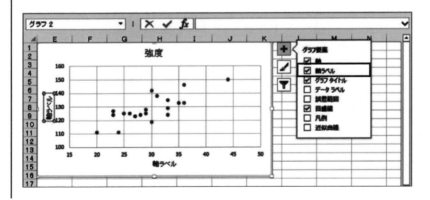

图表解质量管理 QC 改善活动与 QC 七大工具应用

<步骤 5> 修改页面布局

　　选择任意刻度线，单击"Delete"键将其隐藏。将图形标题由"强度"改为"质量和强度的关系"，将散布图的形状调整为正方形，就会得到如下图一样的散布图。

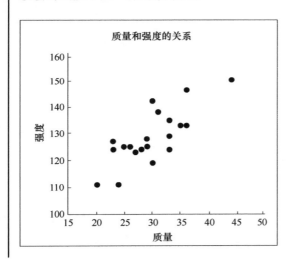

MEMO

图表解质量管理 QC 改善活动与 QC 七大工具应用

MEMO

图表解质量管理 QC 改善活动与 QC 七大工具应用

参考文献

『ビジュアル 品質管理の基本〈第 5 版〉』内田治著、日本経済新聞出版社、2016

『改善に役立つExcel によるQC 手法の実践』内田治・平野綾子著、日科技連出版社、2012

『シックスシグマ・ウエイ実践マニュアル─業務改善プロジェクト成功の全ノウハウ』Peter S. Pande，Roland R. Cavanagh，Robert P. Neuman 著、高井紳二（翻訳）、日本経済新聞社、2003

『新・管理者の判断力─ラショナル・マネジャー』C. H. ケプナー B. B. トリゴー著、上野一郎（翻訳）、産能大出版部、1985

『品質管理セミナー・ベーシックコース・テキスト「第 2 章 問題解決法」補訂第 4 版』日本科学技術連盟

『品質管理検定（QC 検定）4 級の手引き Ver. 3. 0』品質管理検定センター

『JIS Z 9020-2：2016 管理図─第 2 部：シューハート管理図』

作者简介

内田治（うちだ・おさむ）

　　东京信息大学综合信息学部综合信息学科副教授。现任质量管理研究所质量管理顾问。主要专业研究领域有统计质量管理、实验计划法、多变量分析、数据挖掘等。著作有《视觉质量管理的基本》（日本经济新闻出版社）、《QC 检定 2 级质量管理的 50 种方法》（日本科联出版社）、《使用 EXCEL 的质量管理》（东京图书）等。

吉富公彦（よしとみ・きみひこ）

　　1986 年进入新日本无线公司，从事电子元器件生产技术相关工作。2001 年开始负责公司内部的质量管理教育。之后，还参与了质量管理体系的相关业务。

　　在公司外部也承担了一些工作。2006 年起担任日本科学技术联合会质量管理基础课程讲师。2011 年起兼任质量管理入门课程讲师。2014 年起担任基础课程东京班 ST 分会委员长、同班级研究会主任讲师。2010 年起担任日本规格协会通信讲座质量管理中级课程教材评审委员会委员及讲师。